高校体育教学与大学生体能训练

杨　梅◎著

吉林出版集团股份有限公司

图书在版编目（CIP）数据

高校体育教学与大学生体能训练 / 杨梅著. — 长春：吉林出版集团股份有限公司，2023.4
ISBN 978-7-5731-3045-7

Ⅰ. ①高… Ⅱ. ①杨… Ⅲ. ①体育教学—教学研究—高等学校②大学生—体能—身体训练—研究 Ⅳ. ①G807.4 ②G808.14

中国国家版本馆 CIP 数据核字（2023）第 045692 号

高校体育教学与大学生体能训练

GAOXIAO TIYU JIAOXUE YU DAXUESHENG TINENG XUNLIAN

著　　者　杨　梅
责任编辑　曲珊珊
封面设计　林　吉
开　　本　787mm×1092mm　1/16
字　　数　238 千
印　　张　11.25
版　　次　2023 年 4 月第 1 版
印　　次　2024 年 1 月第 1 次印刷
出版发行　吉林出版集团股份有限公司
电　　话　总编办：010-63109269
　　　　　发行部：010-63109269
印　　刷　廊坊市广阳区九洲印刷厂

ISBN 978-7-5731-3045-7　　定价：78.00 元

前言

随着经济社会的高速发展和手机技术的不断成熟，高校学生几乎人手一部手机，手机占据了学生日常生活的大部分时间，使得学生投入运动的时间大大减少，进而导致学生的身体素质普遍较差，生命安全事件频发，如军训时晕倒、跑步时休克以及参与某项运动时猝死等等。此类社会事件频发主要是由于学生平时缺乏锻炼，体能较差，无法承受一定负荷的运动量，才会导致悲剧的发生。因此，作为高校体育教学活动执行者的体育教师，更应提高对学生体能训练的重视程度，创新大学生的体能训练方式，进而提高大学生的身体素质，避免此类生命安全事件的发生。

现阶段，高校体育教学主要包括传统的田径项目、各项球类运动以及健美操等，这些体育课程普遍存在体能训练占比较低的问题。良好的体能是大学生开展各种体育课程的基础，体能训练也是很多体育运动项目开展的基础前提，故体能的高低必将影响学生掌握体育技能的效果，并对体育教学课程的质量产生一定的影响。因此，新形势下，高校必须提高对大学生体能训练的重视程度，并考虑提高体能训练在体育教学活动中的比重，这样既可以丰富高校体育教学课程体系，又符合新课改背景下高校体育教学发展的实际要求。

体能训练作为高校新的体育训练项目，主要包括力量、速度、耐力以及协调性等。学生只有具备了良好的体能，才能更好地参与体育锻炼、掌握体育技能、提高体育教学质量。在高校开展体能训练的实际过程中，学生应根据个人身体素质和自身潜力来进行体能训练，这样既有利于学生了解自己的真实运动水平，激发身体的潜在能力，更有助于调动学生参与体育课程的积极性，更快地掌握体育知识和技能，从而为大学生身心素质的发展奠定良好的基础。

笔者在撰写本书的过程中，借鉴了许多前人的研究成果，在此表示衷心的感谢。

杨梅

2023 年 4 月 1

目 录

第一章　学校体育概述

第一节　体育的概念

所谓概念，是指对某一事物属性的一种准确判断。那么什么是“体育”呢？19 世纪 60 年代，由西方传入的“体育”（Physical Education），其意是指同维持和发展身体的各种活动有关联的一种教育过程。近几十年来，随着人类社会的不断发展与进步和体育实践的日益丰富，当出现体育教育、竞技运动和身体锻炼三个既有区别又相互联系的内容，并逐渐形成与教育、文化相并列的新体系之后，原指体育教育的“体育”概念已不能涵盖具有相对独立体系的“竞技运动”和“身体锻炼”。根据我国体育发展的特点和规律，可以对“体育”作出这样的定义：体育是一种特殊的社会现象，它是以发展身体、增强体质、增进健康为基本特征的教育过程和社会文化活动。它应包括体育教育、竞技运动和身体锻炼三方面的内容。体育既受一定的社会政治、经济的影响和制约，也为一定的社会政治、经济服务。同时必须指出，体育的概念并不是一成不变的，随着社会的不断发展，人们对体育的认识还会进一步深化。

第二节　体育的组成

体育从产生、发展到现在，都是随着社会生产力的发展而发展的，带有明显的时代特征，它既受一定社会政治、经济的制约，也为一定社会的政治、经济服务。现代体育由学校体育、竞技体育、群众体育组成。

一、学校体育

学校体育是学校教育的重要组成部分，也是全民体育的基础。它是按不同教育阶段和年龄特征，通过体育课程、课余体育训练及课外体育活动三种基本形式，围绕“增强体质”这个中心，全面实现学校体育的各项任务，使学生在德、智、体、美等方面都得到发展。随着社会的不断发展，现代体育教育既重视增强体质的近期效益，又注重培养学生的体育意识，讲究体育锻炼的科学性，进行终身体育教育，为学生终身体育打下良好的思想、技能和理论基础。学校体育还将为国家培养和输送竞技体育人才，以适应当代社会和青年对日益增长的精神、文化生活的需要。

二、竞技体育

竞技体育是为了最大限度地发挥个人或集体的运动能力去争取优异成绩而进行的运动训练和竞赛。目前有50多种运动项目用于国际比赛。由于竞技体育的表演技艺高超、竞争性强，极易吸引广大观众，因此它极富感染力，又容易传播精神力量，在活跃社会文化生活、振奋民族精神、提高国际威望、促进友谊等方面都起着重要的作用。当前，随着竞技水平的不断提高，为了参加日趋激烈的赛场竞争，普遍采用先进的科学训练方法和手段，以探索人类运动的极限。我国在竞技体育方面从一个极其落后的国家慢慢发展为亚洲体育强国，并向世界体育强国迈进。

三、群众体育

群众体育也称大众体育或社会体育，是以健身、健美、娱乐、医疗为目的，内容丰富、形式多样的体育活动。国内外经常提到的娱乐体育、休闲体育、养生体育等均可列入此范畴。现代社会的生产、工作和生活节奏加快，只有保持健康的身体和旺盛的精力，才能适应这种节奏。同时，现代科学技术既给人类带来了舒适和方便，也带来了许多不利因素，如环境污染、生态失去平衡、缺乏运动和营养过剩等造成各种“文明病”。人们越来越认识到，只有科学地进行体育锻炼，才能保持和促进身体健康。因此，大众体育是现代社会的一种生活方式，也是提高生活质量必不可少的手段。目前我国的各种“健康城”“康复中心”和“健身俱乐部”正吸引着大批体育爱好者。

第三节　体育的功能

一、体育的健身功能

“强身健体”是体育的本质功能。体育以身体运动为基本表现形式，通过科学组合的身体锻炼给予各器官、系统以一定量和强度的刺激，促使身体在形态结构、生理机能等方面发生一系列适应性反应和趋优变化，从而达到增强体质、增进健康的目的。

（一）体育对增进健康的作用

“身体健康”是指正常的生长发育、良好的生理功能、平衡的心理、充沛的精力及承担负荷后的适宜反应。那么怎样才能促进和保持身体健康呢？早在公元前300年，古希腊伟大思想家亚里士多德“生命在于运动”的名言，就深刻寓意了运动对身体健康所起的重要作用。后来的医学关于“适者生存”、生理学关于“用进废退”的原理又证明：人的健康状态和工作效率，不仅取决于全身各器官、系统的功能和相互的协调，还有赖于使身体获得对自然和社会环境的适应能力。这种能力的获得，除受制于不同的生活环境外，还在相当程度上与体育锻炼休戚相关。实践证明，科学地从事体育锻炼，由于中枢神经和内分泌系统产生的良好刺激，对促进人体新陈代谢，改善血液循环和呼吸功能，延缓有机体适应能力的降低，推迟生物体各组织器官结构、功能发生退化性变化都有明显的效果。因此，为了促进青年人的生长发育，为了使中年人保持旺盛的精力和老年人延年益寿，凡是经济发达国家，都大力提倡"为生命而跑""为健康散步"……

早在20世纪70年代就有人提出生理—心理—社会医学的新模式，强调在健康诊断中，应包括和考虑由社会环境引起的心理活动因素，并把良好的心理调节能力和讲究精神卫生作为判断精神健康的基础。诚然，影响这种"基础"的因素很多，但体育锻炼所起的作用是至关重要的。因为通过各种体育锻炼，可以增强人的意志品质，催人奋发进取，培养集体观念，加强组织纪律性，协调人际关系，从而促进提高心理调节能力，有利于排除各种不健康的心理因素，使人体在与环境的和谐统一中变得欢乐、轻快和活泼，最终达到精神健康的目的。

（二）体育对增强体质的作用

在现实生活中，带有不健康因素的人总是属于大多数。据医学统计，世界上有50%～70%的人都有身体不健康的表现，如果再进行更精细的检查，这种表现甚至更多。但为何这些不健康因素往往不被人察觉呢？其实这正是体质对健康的弥补作用。体质作为健康的物质基础，既然意义如此重要，那么体育对增强体质的作用又如何呢？实践证明，科学的体育锻炼在改造人体器官、系统方面起着重要作用，不仅有利于骨骼、肌肉的生长，促使身体形态与内脏器官正常发育，还能提高人体对外界的适应能力，改善血液循环、呼吸、消化等系统的机能状况，使人的"防卫体力"得到提高。另外，系统有效地进行体育锻炼对力量、耐力、灵敏、柔韧等素质的提高有十分明显的功效。这表明，当"防卫体力"和"行动体力"得到同步发展时，人体就能充分发挥潜在的运动功能，改善对环境的适应能力，最终达到增强体质的目的。

二、体育的教育功能

教育功能是体育最基本的社会功能，就其作用的广泛性而言，它对人类社会产生的影响，是体育的其他社会功能所无法比拟的。

（一）体育在学校中的教育作用

马克思主义关于教育的经典论述，从来都把体育视为学校教育中不可或缺的组成部分，并始终重视它在这个特定领域里对培养全面发展的人才所起的重要作用。因此，利用身心共同参与体育过程的有利条件，培养学生将来担任社会角色所必备的素养，以适应未来社会生活和工作的需要，是体育在学校发挥教育作用的主要使命。为达此目的，学校通过完整的体育教育过程对受教育者进行政治思想、意志品质、道德情操和发展身体的教育，使他们获得基本的体育理论知识，掌握必要的运动技能，学会科学锻炼身体的方法，提高运动实践能力，并养成锻炼身体的好习惯。

（二）体育在社会中的教育作用

就社会教育意义而言，由于体育所独具的活动性、技艺性、竞争性、群聚性、国际性和礼仪性等特点，它作为一种传播体育价值观的理想载体，在激发爱国热情、振奋民族精神及培养社会公德、教育人们要与社会保持一致性等方面，具有极大的社会教育功效。大家都有这样的体会，当置身于社会群体之中，因为竞赛的礼仪形式、激烈的竞争气氛、高超的表演技巧和比赛的胜负结果等因素，在同伴与同伴之间、同伴与对手之间、观众与运动员之间会产生极其复杂的感情交流，并激起人们的荣誉感、责任心、集体观念、民主意识和奋发向上的进取精神。这种通过体育实践诱发的社会教育因素，使体育的社会影响变得更加深刻，并产生不可低估的社会教育作用。比如，当我国女子排球队员在世界大赛中连续五次夺冠时，全国人民无不为她们的胜利欢欣鼓舞，国家号召“以女排精神搞四化”，不少人因此决心在坎坷与逆境中奋起。再如，在我国举办第十一届亚运会、2008 年奥运会和 2022 年冬奥会期间，几乎举国上下都以高昂的热情投身其中，全国人民那种为祖国荣誉做贡献的精神，不但表现了中华民族的自尊、自强和自信，而且在全国范围内树立了讲科学、求实效、快节奏、高效率等现代社会意识。

三、体育的娱乐功能

“娱乐身心”是被挖掘和利用较早的体育社会功能。在体育初具雏形的原始社会，原始人在狩猎之余用以宣泄情感而进行的游戏活动，虽缺乏明确的目标和稳定的运动方式，却已通过这种潜意识行为，反映出原始人对精神生活的需求。据《帝王世纪》记载，“击壤而歌”就是原始人在休息时群聚唱歌的一种游戏活动；《太平清话》还记载了始于黄帝时代用于调节军士枯燥生活的蹴鞠活动。体育形成初期，亦即古代开展民族、民间体育阶段，许多供娱乐消遣的身体活动项目，常在节日庆典、宗教仪式和表演技艺中出现，对调节和丰富人民生活起着重要作用。在同时代的欧洲，自进入文艺复兴时期，人文主义者和新兴资产者以“提高和改善人类的生活”为宗旨，大力提倡消遣娱乐活动，并利用各种体育手段开展社交活动。

现代社会解放了劳动生产力，随着物质产品的不断丰富，余暇增多，人们为更好地享受生活，使体育的娱乐功能有了更广泛的发挥。比如，现代都市生活使人与大自然几乎隔绝，但参加户外体育活动，可以调节生活，使人享受返回大自然境界的乐趣；随着工作紧张和生活节奏加快，体育锻炼有利于密切人际交往和享受集体聚会的乐趣；通过参与体育竞赛活动或从事一些惊险性体育项目，可以在体力向自然的挑战中，体验创造人生价值的乐趣；经常欣赏体育比赛和表演，可以从运动员的高超技艺中得到美的艺术享受。目前，我国为了丰富人民群众的业余文化生活，移风易俗，建立良好的社会风气，通过实施《全民健身计划（2021年—2025年）》来寻求适合我国国情的最健康、最理想的体育娱乐方式，以便让大家在和谐的氛围中获得精神快感，使工作和劳动中造成的精神紧张、脑力疲劳和紊乱的情绪得到调解，最终达到“净化”感情和充分享受生活乐趣的目的。

第四节　高等学校体育的目的和任务

一、高等学校体育的目的和任务

在现代教育和科学的框架上，高等学校体育应该有自己恰当的位置。它是属于教育学和体育学下的一个学科层次，应该充分体现体育和教育的共同属性。一方面，高等学校体育是学校教育的重要组成部分，其目的应和学校教育的总目的相一致；另一方面，高等学校体育又是体育的一个重要方面，它又应该充分体现体育的属性，即要以运动和身体练习为基本手段，提高人的潜能，增强体质，促进身心健康。综合来讲，高等学校体育的目的就是以运动和身体练习为基本手段，对大学生机体进行科学的培育，在提高人的生物潜能和心理潜能及社会适应潜能的过程中，增德、益智、促美，从而达到全面发展的教育总目标。

二、高等学校体育的任务

高等学校体育的目的是通过完成以下五个方面的任务来具体实现的。

（一）增强学生体质，促进学生身心健康

增强体质是高等学校体育的首要任务。体质的增强，除了意味着骨骼、肌肉、内

脏各器官和系统的增强之外，更意味着大脑机能得到改善。它反映为：中枢神经系统对机体发展、发育和人体运动的控制力，神经系统各器官机能的支配力，大脑皮层对各器官活动的协调力等。个体生命的健康存在是保证人的全面发展的物质基础，而人的一切活动都是在大脑指挥下实现的。人的一切正常活动都是大脑相应部位正常反应的结果，人的一切不正常活动都是大脑相应部位的异常反应的结果，而人的大脑反应的病态和终止也就意味着人的个体行为的障碍和生命的结束。体质增强还包括大脑的灵活性和协调性。体育活动对大脑的锻炼有独特的作用，这一点在当今知识信息时代来临的背景下显得更为重要。全面增强学生体质有赖于有目的、有组织的系统运动和练习。要在学生生长发育良好的前提下，实现体姿健美；在机体结构全面发展的基础上发展学生的“自稳态”；增强免疫力，促使学生精力充沛，生命力更旺盛。

（二）促使学生努力掌握体育的基本知识、基本技术和基本技能

通过“三基”知识的学习，教会学生科学的身体锻炼方法，培养学生终身参加体育锻炼的兴趣、能力和习惯。这是在科学的指导下，学生掌握知识和技能、养成良好习惯以及发展智力的过程。引导学生正确地从事运动和身体锻炼，必须经过一个由感知到理解，再到巩固和应用的过程。在此过程中一个重要的转折点便是智力和体力相结合，它不仅表现在运动及身体锻炼中，而且表现在它们的结果上。高等学校体育应充分体现智力和体力的结合以及理论知识和实践能力的科学结合。

（三）培养学生的道德意志品质

在体育中对学生进行共产主义道德品质的教育，决不是运动及身体锻炼与政治口号的生硬结合，而是要通过运动及身体锻炼来对学生进行知、情、意、行的教育，最终提高学生的思想品德修养。在此过程中要特别注意培养学生参与和完成运动及身体锻炼的毅力。同时，学生的行为是受他的理想、信念和情操所支配的，因此在高等学校体育教育过程中，应十分注意培养学生高尚的情操，通过发展精神品质来更有效地完成体育教育的任务。

（四）培养学生审美和创造美的能力

体育与美自古以来就紧紧相连。运动是力和智慧的结合，身体锻炼是意念和形体的统一。人可以用自身的“造型”来表现对客观世界的认识，并通过“造型”达到其增强功能的效果。在运动及身体锻炼中，学生通过韵律体操、竞技体育、基本体操和律动来表现“造型”的艺术美。美的心灵、美的情操都是通过美的举止、美的造型来表现的。因此高等学校体育应十分注意培养学生高尚的情操，使“外在美”与“内在美”很好地统一起来。

（五）培养高水平的运动员

多出人才、出好人才，其中当然也包括出优秀的体育人才，更要出世界冠军。我们应该充分发挥高校在师资、器材、设施和多学科交叉方面的优势，充分认识大学生的心理、生理特征和体力、智力优势，把部分有运动天赋和运动才能的大学生培养成为高水平的运动员，这是时代赋予高等学校的新的使命。体育与运动早已被视为“科技水平的橱窗”。当今的世界纪录和世界冠军都是多学科成果的结晶，对运动员体力和智力水平提出了更高的要求。

第五节　高等学校体育的基本途径

国家规定了为社会主义现代化事业培养德、智、体全面发展的建设者和接班人的培育目标。但是，高等教育和高等学校体育的目的与任务并不会自动实现，它必须通过多种多样的组织形式为其提供具体途径，并实施相应的教学计划。在我国高等学校体育教育过程中有以下几种基本组织形式。

一、体育课程

体育课程是我国高等学校教学计划的重要组成部分，被视为学校体育教育的中心环节，也是高等学校体育教育的最基本的组织形式。它为确保高等学校体育的目的和任务的圆满实现提供了具体途径。

中华人民共和国成立以来，我国高等学校均设置了体育课程，教育部批准颁发的《学校体育工作条例》《全国普通高等院校体育课程教学指导纲要》均明确规定：“普通高等学校的一、二年级必须开设体育课程……对三年级以上的学生开设体育选修课程。”这一法规为加强高等学校体育课程建设提供了人、财、物、时间、信息等方面的重要保证，将有力地推动我国高等学校体育课程建设。

通过体育课程这种特殊的组织形式，逐步树立正确的体育观念，了解体育的基本知识，掌握锻炼身体的基本技能，形成较强的体育意识，增强自身的体育能力，培养自觉坚持参加身体锻炼的兴趣和习惯，接受潜移默化的良好品德教育，增强审美和创造美的能力，深刻领会体育教育与成才的内在联系，从生存、发展、享受等不同层次的需要上去理解体育给自身和国家、民族带来的好处，学以致用，勇于实践，充分理解体育课程目标与高等学校体育目标的一致性，把握参与体育课程学习的良好时机，努力完成体育课程的各项任务，自觉地使体育与运动进入自己的生活，为成才和奉献打下坚实的物质基础。

二、课余体育活动

高等学校的课余体育活动是体育课程的延续和补充，是学校体育教育过程中不可分割的重要环节，它为实现高等学校体育的目的和任务提供了又一重要途径。课外体育教学是学校体育的基本形式，其目的在于增强学生体质，培养学生自觉锻炼身体的习惯，同时还可以陶冶学生的情操，丰富学生的文化生活，发展学生个性，对于完成课程教学任务具有潜移默化的作用。

我国高等学校十分重视根据本校的实际情况和传统特点，因人、因时、因地制宜地开展多种多样的课余体育活动，这对巩固提高体育课程教学效果、增强学生体质、提高文化学习质量、丰富校园文化生活、增强集体凝聚力等都起到了良好的促进作用。进入改革开放的新时期以来，许多高校更加重视为课余体育活动注入时代气息，在内容和形式上均有较大突破，也已经收到了令人满意的实效，主要有以下几种形式。

一是早操。早操即清晨运动，是每天起床后坚持的室外活动，是大学生合理的作息制度中的重要组成部分。大学生坚持做早操，不仅是锻炼意志，养成良好的卫生习惯，促进身体健康的良好措施，也是每天从事脑力劳动的准备活动，它可以使神经兴奋，活跃生理机能，形成良好的生理状态。早操活动时间一般以 15 ~ 20 分钟为宜，形式可以集体组织与个人活动相结合，内容多以健身跑、广播操、打拳、健美操以及各种身体素质锻炼为主。

二是早操课间活动。课间活动（课间操）是文化课下课后在教室周围进行的几分钟轻微活动或两节课后休息期间进行的体育活动。目的是活动躯体，进行积极性的休息，为下一堂课的学习注入更充沛的精力。课间活动时间一般为 3 ~ 10 分钟，形式以个人活动为主，以散步、广播操等为主要内容。

三是课外体育锻炼。课外体育锻炼是大学生结束一天课程学习后，利用每天下午第七、八节课的时间，进行有目的、有计划、有组织的体育活动。搞好课外体育锻炼，可以使大学生增强体质、陶冶情操、丰富知识，从而达到身心完善、精神饱满的目的，它不仅是高校体育过程的重要方面，也是高校占领课余思想阵地，丰富校园文化生活，建设精神文明的重要手段之一。课外体育锻炼时间一般在 1 小时左右。形式以班集体、单项体育协会组织为主，也可以结合个人锻炼，还可结合小型多样的竞赛活动。各校还可以从实际出发，因人、因地、因时制宜地开展活动。

四是课余体育训练与体育竞赛。课余体育训练与体育竞赛是高校利用课余时间对部分身体素质较好并有体育专长的大学生进行系统训练的一种专门教育过程，是实现高校体育目的的重要组织形式之一，它有助于提高我国大学生的运动技术水平。参加不同层次的竞赛，还能为学校培养一支体育骨干队伍，有利于推动学校群众性体育活动的开展。《学校体育工作条例》规定：“学校应当在体育课教学和课外体育活动的基础上，开展多种形式的课余体育训练，提高学生的运动技术水平。”并强调：“普通高等学校经国家教育委员会批准，可以开展培养优秀体育后备人才的训练。”原国家教委、国家体委（现教育部和体育总局）于 1986 年 11 月发布《关于开展课余体育训练，提高运动技术水平的规划》文件以后，开始在大学试办高水平运动队，目前全国有很多大学组办了各个项目的高水平运动队。一些中学也试办了传统体育项目，同大学挂钩，形成了一条龙试办高水平运动队。

五是全校性的运动会和体育节。一年一度的校田径运动会和体育文化节把各个高等学校的体育教育推到了本年度的高潮。以运动会为舞台给全校师生公平竞争的机会，在拼搏中找寻个人的成功，在竞争中增强集体的凝聚力，每一次校运会体育文化节的成功，都给学校带来了新的活力。近年来，我国大学中的一些有远见卓识的领导人，在加深了对教育和体育的本质与功能的认识之后，明智地作出决定，在本校的校历中，安排为期十天到半个月的体育节，全校动员，宗旨明确，内容丰富，情趣高雅，组织严密，效果良好，犹如盛大节日一般。

六是野外活动。野外就是指山、河、湖、海、草原、天空等自然环境，野外活动就是指在这种自然环境中开展的各种活动的总称，它是由活动环境、活动主题、活动内容构成的。野外活动的内容主要可分为陆域、水域、空域。根据活动的范围可分为陆地运动、水上运动、冰雪运动、空中运动，按活动的性质可分为竞技性的活动、健身娱乐性活动、教育活动。国内外的实践和研究表明，野外活动是一项具有陶冶情操、强身健体、消除疲劳等效能，深受青少年和广大人民群众喜爱，并为其他运动所不能替代的有益活动。其活动特点决定了它对青少年的教育意义，因而已成为发达国家学校教育的内容和终身体育不可或缺的部分。因此，也应把推广野外活动列入我国学校体育之中，使之在促进社会主义精神文明建设，培养青少年爱国主义、集体主义精神，以及提高整个国民素质诸多方面发挥积极作用。

第六节 普通高等学校体育课程目标

2002 年，教育部根据《中共中央国务院关于深化教育改革全面推进素质教育的决定》和国务院批准发布实行的《学校体育工作条例》精神，制定了新的《全国普通高等学校体育课程教学指导纲要》，并对大学体育课程目标作了详细的规定。

总体目标：增强体质、增进身心健康和提高体育素养。总体目标将体质与健康分开叙述，阐明了学校体育"健康第一"的指导思想，增强体质依然是我国学校体育的主要目标之一；但是，真正的健康是指学生的身心协调发展，将提高体育素养作为总体目标来阐述，说明对体育的认识从过去"身体发展的教育"（physical education）转变为"以运动为基础的教育"（education based on sports）。以运动为基础促进了人们对学校体育认识的深化，拓展了体育教育的领域，它包括生物学领域、心理学领域、社会学领域。提高体育素养的内涵很丰富，它以育人为最高目标，以知识技能为主导，以培养能力为重点，讲求身心发展相协调，以终身体育为方向。体育素养既包含身体的、心理的素质，又突出了体育作为文化的一面。体育素养作为一种体育素质或能力，应该包括认知要素、技能要素、操作要素、情感要素。认知要素：具备一定的体育卫生、环境、保健、营养、养生知识，体质健康评价的常识，欣赏体育比赛的能力；技能要素：健身运动技能、运动创伤处理能力、生存自救能力；情感要素：喜欢并积极参与体育活动，积极乐观的生活态度；操作要素：形成良好的锻炼习惯，制订科学锻炼计划或运动处方，运动创伤处理，评价和测量体质健康状况等。从终身体育的角度看，发展大学生的体育素养应该成为体育课程教学的中心。

具体目标：《全国普通高等学校体育课程教学指导纲要》将大学体育课程目标划分为两个层次：基本目标与发展目标；五个领域：运动参与目标、运动技能目标、身体健康目标、心理健康目标、社会适应目标。

在层次上，大学体育课程要全面贯彻素质教育面向体现个性教育的原则，正视学生的个体差异，在目标设置上体现了科学性。《全国普通高等学校体育课程教学指导纲要》将大学体育课程目标划分为基本目标和发展目标两个层次。前者是根据大多数学生的基本要求而确定的，反映了课程目标的强制性；后者则是针对部分学有所长又有余力的学生确定的，体现了课程目标的自由度。

在领域目标上，将体育课程目标从知识、技能、情感领域对体育课程的特点进行扩展，使大学体育课程目标更加具体，操作性更强。具体目标如下。

运动参与目标：形成自觉锻炼的习惯与意识，具备体育文化欣赏能力，能编制个人锻炼计划或运动处方。

运动技能目标：熟练掌握两项健身运动的基本方法和技能，以及常见的运动创伤的处置方法。

身体健康目标：能测试和评价体质健康状况，掌握有效提高身体素质、发展体能的知识和方法；养成良好的行为习惯，形成健康的生活方式，具有健康的体魄。

心理健康目标：根据自己的能力设置体育学习目标，自觉通过体育活动改善心理状态，克服心理障碍，形成积极乐观的生活态度；运用适宜的方法调节自己的情绪，在运动中体验运动的乐趣和成功的感觉。

社会适应目标：表现出良好的体育道德和合作精神，正确处理竞争与合作以及体育活动中的人际关系。

第二章 体育与文化

体育运动是人类创造的一种文化活动，是构成现代人生活方式的一种表现，体现着人类在推动社会发展过程中的文明进步程度，具备文化特征，更是人类文化的一个组成部分。人们在关注体育生物属性的同时，也要重视体育的文化属性。通过学习了解掌握体育文化的基本内涵、体育与文化的关系、中西方不同文化背景下的体育文化特征，以及奥林匹克运动的渊源及文化内涵，对于提高体育素养、提升人文精神、积累文化底蕴等，将起到积极的促进作用。

第一节 文化与体育文化

人类在长期的社会生活过程中，往往简单地把体育看作一项身体技能活动，往往忽视了从文化层面来透视体育的文化属性。然而，体育从产生之日起，就与文化有着千丝万缕的联系，伴随着人类文明的进步与发展，体育与文化便愈加紧密而不可分割。体育运动能够深刻地影响人类的精神世界、审美意识、价值观念、创造能力以及生活方式等各个方面，是人类社会中的一种特殊文化现象，体现着人类在推动社会发展过程中的文明进步程度。

一、文化的含义及特征

在中国古汉语中，文化是“文”和“化”的复合词。“文”的本义指各色交错的纹理，后引申为包括语言文字在内的各种象征符号，进而具体化为文物典籍、礼乐制度，导出“修饰”“修养”“人为加工”等含义，以及美、善、德行之义。“化”的本意为发生、变化、造化。如《周易·贲卦·彖传》中说：“观乎天文，以察时变；观乎人文，以化为天下。”“天文”指自然之文，“人文”指典籍礼俗。通过日月天象自然变化规律，凭借诗书礼乐教化世人治国平天下。“文化”作为一个专有名词最早见于汉代刘向的《说苑 · 指武》：“圣人之治天下也，先文德而后武力。凡武之兴，为不服也，文化不改，然后加诛。”显示出了文治教化的本意，基本上代表了中国古代关于文化的概念。而现代汉语中的“文化”是一个外来语，是 20 世纪初由欧洲经日本传入中国。

在西方，“文化”源于拉丁文 culture，早期指种植、耕耘、农作，通常用于耕耘土地和农业劳动。后来逐渐被赋予了教育、培养的意义，出现了“工艺的改进”和“精神耕耘”等提法，从此便有了耕耘土地和耕耘智慧两种含义。文艺复兴以后，人们将农业、手工业、商业、教育等活动都归入了文化范畴，认为凡是与自然状态、天然状态相对立的都属于文化现象。19 世纪以来，文化作为人类生活独有的现象，受到普遍重视，社会学、历史学、教育学、人类学、心理学等学科都提出了各自蕴含的文化概念。英国文化人类学家泰勒将文化科学的概念首先引入了英语世界，之后，文化学研究迅速在欧美国家发展起来。泰勒提出，文化，是一个复合的总体，它包括知识、信仰、艺术、道德、法律、风俗以及人类在社会里所得到的一切的能力和习惯。

事实上，随着历史的发展，“文化”在不同时期的含义也有所变化。因此，时至今日人们对于文化的概念仍众说纷纭，尚未达成共识。不仅如此，文化还一直是众多学科探究、争鸣的对象，许多学者从不同角度提出更多关于对文化的理解与认识。诸如：“文化是人类在社会历史实践中所创造的物质财富和精神财富的总和。”“文化是社会和人在历史上一定的发展水平，它表现为人们进行生活和活动的种种类型与形式，以及人们所创造的物质与精神财富。”“文化是用来表明一定的历史时期、社会经济形态、具体社会民族的物质与精神发展水平（如古代文化、社会主义文化、玛雅文化），以及专门的活动或生活领域（如劳动文化、艺术文化、生活文化）。”“文化不是可见的行为，而是人们用以解释经验和导致行为并为行为所反映的价值观和信仰。”“文化是人类为了生存要求和生活需要所产生的一切生活方式的总合。”“文化指社会的意识形态以及与之相适应的制度和组织机构。”“文化的结构有物质文化与精神文化两分说，有物质、制度、精神三层次说，物质、制度、风俗习惯、思想价值四层次说，有社会关系、精神、艺术、语言符号、风俗习惯多因素说等。”

虽然众多学者对于文化的解释和理解有许多不同之处，但是也可以概括出一些关于文化的基本特征：（1）文化具有历史承继性。文化是社会性传承的结果，其传承的基本方式是“耳濡目染”，通常表现为社会成员通过观察模仿或在其他成员指导下的后天习得。（2）文化具有社会群体性。任何文化都不能脱离社会而单独存在，并且文化为一定社会群体所共有。某一个体后天习得和创造的思想、观念等，只有在被他人所接受后，才能称之为文化。当然，文化的社会群体性是有不同层次和范围的，有的文化因素属于全人类，有的仅属于某个民族或地区。属于全人类的文化因素具有人类性或世界性的特征，属于某个民族或地区的文化因素具有民族性和民俗性的特征。（3）复合性。文化的要素和成分尽管是多种多样的，然而文化却不是简单、孤立的诸要素和成分杂乱无章的叠加。相反，各要素和成分之间是相互整合而统一的。

文化就是诸多要素和成分在杂乱的纵横交错的关系中所产生的综合统一体，这种统一性常常通过共同的价值系统和行为模式表现出来。具体理解文化的广义含义，它除了以教育、科学、艺术等为重要组成部分之外，还包括体现在人们物质生活和社会关系中的饮食文化、服饰文化、居住文化、婚俗文化、信仰文化、游艺文化、体育文化等。因此，文化往往与众多领域相结合，是复杂的整合体。（4）文化是普遍存在的具体性东西。文化是一种人类活动，是人类所取得的一切成果的结晶。有了人类就有了历史，有了历史就有了文化。对于每一个社会、国家、民族来说，人们都生活在一定的文化系统中。这种文化系统还具有一定的规则性，能依靠法律、制度、习俗、思维方式、价值系统等来引导或约束社会成员的个体行为，使他们的情感、思想与行为都纳入群体的价值目标和轨道。

二、体育与文化的关系

体育是以身体运动为基本手段促进身心发展的文化活动。体育在本质上属于文化的范畴，也是文化的组成部分。同时，体育自身也在创造一种健康文化，是人类对自身身体与精神有目的、有意识的培育活动，是一种对人类自身的“人化”过程。然而，在人类的文化发展史上，有相当长一段时间把体育排斥在文化之外，甚至还把体育与文化对立起来，认为体育没有文化价值。事实上，体育与文化的关系是极其密切的，这可以从以下几个方面得到印证：首先，体育具有文化的功能。文化具有享受和发展功能、社会化功能、控制功能等。参与体育运动过程，可以使人们从中体验精神享受，体验奋斗和进取过程中的精神力量，感受因超越自我而拥有的进步与成功。体育运动可以把人类社会活动中的团结、合作、竞争、交流与交往等形式体现得淋漓尽致。体育运动还可以培养人们遵守规则与纪律的规范意识，从而提高体育道德水平。

其次，体育体现了文化的继承性与民族性。我国体育具有悠久的历史，各种养生导引术、武术技击和民间游戏等经历了几千年的承袭和发展，成为当今世界体育文化中的瑰宝。以奥林匹克为代表的欧洲竞技体育，在古代延续了1000多年，因战争被迫中断后，现代奥运会又重新恢复100余年。这也充分说明，凡是进步的文化，总会得到历史的承认并被人们继承与发展下去。同时，文化具有民族性，而体育运动的民族性也非常显著。如蒙古族的那达慕、侗族的抢花炮、傣族的泼水节、朝鲜族的荡秋千等，全世界两千多个民族展现出了丰富多彩的民族体育形式。体育的民族性折射出了民族的语言、心理、性格，以及在此基础上形成的文化模式。

再次，体育显示了文化的时代性与世界性。文化具有时代性，能够反映出时代特点。体育的时代性特征十分鲜明，如早期的祭祀体育、战争时期的军国民体育、现代的休闲体育等。同样，文化也具有世界性。一方面文化财富为全人类所共有，另一方面文化可以交流和传播到世界各地。体育运动是一种最便于交流的“国际语言”，在世界范围内的交流极少出现障碍，具有极其便利的条件，这就是构成体育运动国际性的一个重要原因。

总之，体育是人类所创造的文化形式之一，是构成人们生活方式的一种表现形式。尽管体育具有自身变化规律和相对独立范畴，但仍然能够反映出人类文化的缩影。它的发生发展受整个人类文化中各种因素的制约，诸如教育、军事、政治、经济、卫生、宗教、外交、法律、伦理、审美等方面都不同程度地影响着体育的发展。同样，体育运动不仅是人类机体得以充分发展的必要条件和促进心理健康的重要手段，也是促进社会发展的积极因素。体育运动影响着人们的精神世界、价值观念、生活方式、审美意识和创造能力，在很大程度上与人类的产生、生存和发展有着无法割裂的关系，从某种程度上更是推进着人类社会的进步与发展。可见，体育与文化有着千丝万缕的联系，体育不仅为了个体的强身健体，也是社会及个体文化生活的需要。体育被看作一种文化活动，是因为人们通过体育运动可以促进身心健康、丰富生活并从中体验人生。当体育运动有助于人的幸福和完善时，便具有了文化的意义。在现代社会发展过程中，体育对于人的全面发展在人格与心理及观念、意识方面的作用更加突出，将体育视为一种社会文化现象，由此充分显示了体育与人类生存和发展的密切关系。体育运动是人类创造出来的一种文化活动，体现着人类在推动社会发展过程中的文明进步程度，具备文化的特征，是人类文化的一个组成部分。因此，我们不仅要关注体育的生物属性，也要重视体育的文化属性。

三、体育文化的含义及形态

（一）体育文化的含义

目前人们对于体育文化的概念尚未取得统一性认识。但是，体育发展过程中所产生的观念形态和知识体系，所创造的手段、方法、技术、器械、设施，以及有关的组织、宣传机构等，已经在人类的社会生活中构成了一种独特的文化现象。人们的体育价值观念，运动技能，体育活动的组织管理方法，有关体育报刊、书籍、音像制品的出版发行，广播电视中的体育节目，体育题材的文艺作品，体育奖品、宣传品、纪念品以及体育文物等影响着人们精神生活的方方面面，都可视为体育文化的范畴。著名体育学者卢元镇提出，体育文化是人类体育运动的物质、制度、精神文化的总和，大体包括体育认识、体育情感、体育价值、体育理想、体育道德、体育制度和体育的物质条件等。

体育物质文化:(1)满足体育需要而开发的各种体育器材和场地设施。如北京奥运会的“鸟巢”“水立方”等场馆,运动员使用的球拍、跑鞋、雪橇、泳衣等产品,无不凝聚着尖端的科技成分和深厚的人文元素。(2)促进人的身心发展而进行的体育活动方式,如田径、球类、体操、游泳、滑雪、击剑等等,已经成为满足人们健身、竞技、休闲和观赏需要的重要方式。相信随着人们需求的丰富和升华,新的活动方式将源源不断地产生。(3)促进体育发展而创造的各种思想物化品,如体育音像制品、体育计算机系统仿真等等。

体育制度文化:(1)在体育运动中人的角色、地位以及各种体育活动的组织形式。根据项目需要以及个人特点,人们在体育运动中充当不同的角色,如裁判、教练、队长、队员、主攻、二传、守门员、前锋等等。各种各样的角色在一定的组织形式制约下共同维持活动的进行,活动的组织形式包括淘汰制、循环制等赛制。(2)促进体育发展而形成的各种组织机构。人类的个体活动和集体活动都离不开组织机构的作用,体育活动中同样需要各种组织机构。如 1881 年成立的世界上第一个国际单项体育组织一国际体操联合会,1894 年成立的国际奥林匹克委员会。此外,还有各洲体育组织、国家体育组织、省市体育组织、社区体育组织、学校体育组织,等等。(3)围绕体育而创造的各种直接影响体育活动的原则、制度。在组织制度文化中,组织机构的原则和制度是至关重要的,它决定着组织的性质、活动方式和发展方向,如体育法、学校体育管理条例、体质健康标准、体育社团管理制度、体育竞赛管理制度,等等。

体育精神文化:(1)改造人的精神的理论或观念。体育作为一项促进人的身心和谐发展的活动,需要在多个方面给予科学的支撑,体育学科就是在体育活动的理论需要背景下产生的。如体育心理学揭示体育运动过程中人们的各种心理现象及其规律,体育史学则揭示人类体育产生发展的历史过程及规律,引导人们在现实的体育实践中趋利避害。这些学科的研究大多以书面文化的形式来具体体现,集中反映了该领域中用于指导人们体育活动的思想观念和理论体系。(2)表现体育精神的艺术文化。体育活动的激烈、直观、惊艳和宏大等特点使得它往往成为文艺表现的对象,如小说、影视、歌曲、漫画、图片等。这些蕴含着人们的情感、审美、意志等文艺作品,归属于体育精神文化的范畴。当人们关注体育艺术作品时,焦点一般集中在对它所表达的思想、精神或情感与审美等深层次的感悟上,而非物质外观本身。体育精神文化的这个层面属于艺术文化的一部分。(3)改造人的主观世界的各种想法和打算。文学和艺术直接指向人们的精神世界,它的实现方式往往贴近人们的悲、欢、喜、愁等心理体验,这些文化属于意识形态领域的文化。体育文化对于改造人们的主观世界的可能性是非常巨大的。如体育道德、体育精神、体育人格、体育理想等心理文化范畴的内容，对于提高人们的情感、态度、价值观有着积极的意义，更是体育精神文化的重要部分。

（二）体育文化的形态

校园体育文化：校园体育文化是校园文化中与体育文化有直接或间接关系的部分，它的主要功能在于引导、培养和熏陶学生主动参与体育、理解体育、关注体育。它的形成依赖于学校体育的开展状况，学校体育场馆、设施的建设与配备情况，学校体育竞赛的组织管理情况以及参加的人数及其积极性等状况。校园体育文化是学生体育态度、体育情感、体育价值观以及体育行为方式等多因素共同组合的结果，是学生群体向心力与凝聚力的一种良好体现。

竞技体育文化：竞技体育文化是以竞赛为特征来显示体力与智力、促进身心协调发展的一项文化活动，其主要特点是：竞争性、规范性、公平性、集群性、公开性、观赏性。竞技体育的文化价值突出体现在：激励人们坚毅、顽强、振奋向上的进取精神，展示公平、公正、民主、团结、协作的道德观念与社会理想，满足人们精神生活的需求、感受生命的力量、获得美的享受，促进交流与交往、展示团队特色和实力，推动人文精神、科技进步、经济发展的进一步提升。

休闲体育文化：休闲体育文化是满足人们身心健康和娱乐需要的文化活动。休闲是一种生活理想，是为了修身养性、愉悦身心、完善自我而自主选择的生活方式，是当今人类文化活动的重要组成部分，也是社会进步的一个标志。休闲体育既不追求高水平的竞赛成绩，也不受限于体育教学的种种规定，甚至不把健体强身放在首位，而是把体育运动作为一种有意义的活动形式，使自己从中得到休息、放松、陶冶和娱乐。如各类活动性游戏、借助运动项目的娱乐活动、游艺活动、徒步旅行、爬山、钓鱼、放风筝、轮滑、台球、保龄球等等。

民族传统体育文化：民族传统体育是某个民族在劳动实践中所创造的，符合本民族身体活动方式的娱乐活动。民族传统体育文化则是以民族传统体育为载体，体现各民族教育智慧和体育开展与活动能力的总和。它是各民族在长期的历史发展过程中，在各自特殊的自然、地理、经济、文化条件下所产生和形成的，具有历史性、传统性和民族性等特征。在起源方式、活动方法、表现形式、情感取向和审美观念等文化内涵方面具有浓郁的民族文化色彩。如中国的武术、太极拳、舞龙舞狮，日本的柔道、大相扑，印度的瑜伽、卡巴迪，蒙古的马术、摔跤，以及欧洲一些国家的击剑，等等。这些项目包含着浓厚的哲学、宗教、习俗以及审美观念等，与生产方式、风俗、道德、艺术、兵法等都有密切的关系，还体现了活动过程中的礼仪性和伦理性。

第二节　中西方体育文化的差异

文化传统差异是体育文化差异的根本原因，各民族体育文化的发展特点反过来又使得各民族文化传统间的差异得以继续存在或强化。无论是东方还是西方的传统文化，都有其生成和发展的特殊性。人们在不同地域、历史和文化背景中所产生的思维方式、思想观念也各不相同，从而导致不同的社会实践方式和行为规范。东西方文化的不同特质，直接导致了其体育文化的内涵与表现形式也必然存在差异。

一、中国传统文化及其影响下的中国体育文化

中国传统体育文化深受中国传统文化的影响，我们从中国传统文化入手，来分析中国传统体育文化的基本特征。

（一）道德至上

中国古代注重情感和尊崇道德观念，这在体育运动领域得到了充分的体现。传统的道德观念是在中华民族文化价值观念的影响下形成的，如孔子的“尚仁”，墨子的“兼爱”。其积极意义在于规范人们的社会生活行为、平和社会气氛，但是，个体竞争需要却受到了压抑。社会的需要以伦理为主体而进行构建，对道德的追求成为中国人的主体需要，这势必也扼杀了个体的生机。结果是重义轻利的价值观念历代相传，并渗入人们精神意识的最深处，从而把伦理生活置于物质生活之上，把伦理原则和物质利益对立起来。这种道德至上的价值观反映在体育上，即是崇尚体育的伦理价值而贬低体育的实用价值。这种传统观念一直在中国体育史上绵延不绝，直到今天仍然可以在人们的体育观念中找到它的踪迹。

（二）注重和谐

以儒家为主体的中国传统文化，其主旨精神始终是解决个人与集体的关系。在中国古代，由于伦理价值观的作用，使得具体的个人仅表现为一种抽象的存在，并显得毫无意义。人的个性几乎消失在整体性之中，使得人的主体性和能动性受到全面压抑，总是被动地接受某种盲目力量的驱使。而现实社会中人的快乐与痛苦则完全被一种理想的是与非、善与恶的伦理价值判断所代替，这种情况对于体育文化的影响则是巨大的。体育活动的正常开展必须以“德、仁”等伦理道德标准为前提。

（三）追求稳定

中国农业型社会自给自足的特征，使安居乐业的中华民族不必把走向遥远的外部世界视为谋生的必由之路。封闭的地理环境、生产方式和文化心理特征，使得中华文化缺乏了主动性、创造性和开放性。中国先哲追求的价值目标是达到某种安稳，正是在这种观念的影响下，中国人不是执着地向外开拓，而是在充满温情的“以和为美”中修身自省。在中庸之道的观念支配下，人们往往表现为安于朴素，知足常乐，由此也限制了人们的开拓能力，淡化了人们的竞争意识。因此，在体育文化的活动表现方式上，中国古代体育运动多以个体的、娱乐性的、技艺性的、表演性的项目为主，如礼射、投壶、棋牌等，而对抗性的、竞争性强的、集体性的身体接触较多的运动项目，则开展较少，也难以流行。

（四）强调意蕴

儒家思想的核心是“礼”，提倡中庸思想，凡事要恰到好处，不能过分。中国体育文化在儒家思想的长期影响下，形成中华民族的体育文化特色。儒家文化强调文化意境，更多地只是注重艺术性。八卦、太极中的意境强调是对中华民族文化“意境”表现的一种反映，正是这种对本民族文化的反映，使得中国武术蕴含了博大精深的民族文化特质。也正因如此，外国运动员在没有了解中国文化之前，很难掌握中国武术的精髓，而只能是机械的套路模仿。中国体育文化注重对身体文化之外的拓展性价值，忽略体育文化的本体，重视的是体育文化中的理性思辨，而忽视实际操作，所以也经常出现所谓的“点到为止”。

二、西方文化及其影响下的西方体育文化

西方文化在影响其体育文化的形成与发展时，主要体现在以下几个方面。

（一）突出个体发展

强调人是万物之灵，从以人为中心的观点出发，主张人可以认识自然、控制自然、征服自然。作为西方文化发源地的希腊社会，是以个性发展、个体生命能力弘扬为主体而进行构建的。于是他们选择了生机勃勃的生活方式，向大自然挑战是希腊人永恒的信念。社会竞技活动在这样的生活方式中，得到了淋漓尽致的发展。这种文化精神与民族性格在西方社会得到了世代传承，即使是中世纪宗教的淫威也没有使其泯灭，西方人保持了先前富有生气的生活方式，使得竞技运动得到了良好的持续与发展。由于海洋文化的独特影响，西方体育文化中更加突出地表现人的开拓意识和进取精神，更注重人的智力和身体能力的积极发展。西方文化中突出个体发展的个

人奋斗精神，也充分体现在了他们的体育思维方式、体育思想、体育信念、体育价值观、体育态度和体育情感等各个方面。个人主义是西方体育中的一种主导精神，是一种人生哲学和价值标准，它充分肯定了运动者的个人奋斗和个人价值。例如，西方体育世界的球星文化，将个人英雄主义表现到了极致。

（二）重视宗教地位

西方古代社会本质上是一个宗教社会，在西方社会的历史发展中，宗教起着决定性的作用。宗教对社会、个体具有巨大的权威。古希腊宗教特有的神人同形同性特征，与城邦公民相结合，陶冶了人们的人体审美意识和体育意识。古希腊竞技不仅意味着对雄踞奥林匹亚山顶诸神的献祭和取悦，更重要的是，它意味着人在按照高度理想化的自身形象和能力构筑神的形象的同时，又反过来以这些人格化的神为模式来塑造人本身，这种宗教观念意识在人们的心理上积淀的结果，促成了人们从人格意识出发所形成的体育风尚。

（三）强调多元的文化价值观

欧洲历史发展的特点之一，就是它的文化来源的多样性、民族划分的多样性和地域上的分散性。无论是古代的罗马帝国、中世纪的神圣罗马帝国，还是拿破仑帝国，都不过是些松散的集合体。文艺复兴以来，民族国家林立，文化各现异彩，政治体制五花八门，从西方体育的发展状况也能充分反映出这一特征来。不同文化背景下，不同民族和国家的体育一经产生，在融入西方体育的过程中，并未受到西方体育文化的排斥。人们在选择运用体育运动时，体现出了鲜明的多元文化特色。不同民族丰富多彩的体育运动形式，汇集到了西方体育文化这一大家庭中，经过融合发展而成为今天西方体育乃至世界体育的主流。

三、中西方体育文化的差异比较

（一）中西方体育价值观的差异

中国古代文化是追求静态美的文化，而西方传统文化则是动态文化，这决定了中西方体育文化形态和体育价值观的实质性差异。

中国体育坚持天人合一的生命观、强调和谐的运动观，它的一个显著特点就是通过身体锻炼的有形活动来促成精神的升华。其作用体现在养护生命、延年益寿和祛病、防病上。太极拳最能代表中国传统的养生体育，其动作要领讲究松、静结合，强调内部修炼和意念的作用，以“境界”论高低。中国传统体育还被用来作为培养人们遵从礼仪的手段或方式，如射箭、角力等项目就被纳入了礼的范畴。中国传统体育的规则不是针对该项活动本身而定的公平竞争原则，而更多是从道德修养角度对参加者提出的道德要求，重点不是鼓励取胜而是比谁更符合伦理规范。

作为西方古代体育的典型代表，古希腊体育强调的是身体美与精神美的和谐统一，更注重人体的“力”与“美”。他们心目中的高手并不是看不见摸不着的某种内在的人格，而是血统好、发育好、比例匀称、身手矫健并擅长各种运动的人。注重把体育的价值指向对人体的塑造和培养，如早期的比赛以裸体形式进行，以展示人体外型的强壮和肌肉的健美。希腊人对人体的重视乃至崇拜也影响了教育、艺术等各个方面的发展。

公平竞争是近代西方社会生活的普遍原则。因此，追求公平与平等是西方近代体育的基本原则，它不承认除身体、心理、技术之外的任何不平等。在竞技运动项目的比赛中，强调以人为中心，从人的内部去寻求动力。一场激烈的运动竞赛就是灵魂与肉体的较量，呼唤人们超越自我，并展示积极进取的精神风貌。

（二）中西方体育运动手段的差异

中国传统体育文化强调整体效果和直观感受，对动作的把握主要靠直观顿悟，动作简单，但内涵深刻。主要讲究动作的神韵，追求动作表现上的形似，更追求内部修炼基础上的神似。因此，很少有肌肉剧烈收缩的运动方式，一般讲求动作的刚柔相济、动静结合、虚实兼备、张弛有度、神形兼顾等。中国传统体育文化的主要目标是修身、养性，典型项目一般包括太极拳、气功、武术等。

西方体育强调肌肉健美、体格健壮，强调身体的外部运动。许多活动方式要求大肌肉群参与，且肌肉运动剧烈。提倡对人体的力量、速度、耐力、柔韧、灵敏等身体素质的训练，促进身体各部分均衡协调发展。通过赛跑、跳跃、投掷、体操、马术、击剑、游泳以及多种球类运动等形式，提高人体活动能力、机能水平和健美形象，获得精神充实与满足。西方体育讲求对抗与拼搏、追求“更快、更高、更强”，在身体的激烈活动中常伴有损伤、疲劳、激动、亢奋等情况。当然，也提倡科学、讲究规范，重视体育科学理论的指导作用，有着明确的竞赛规则和场地器材要求。

（三）中西方体育竞技态度的差异

中国传统体育活动方式一般以个体活动为主，讲究自我锻炼，并不提倡相互争斗，相互对抗，也不追求对自然的超越。而是表现出自娱性的特点，强调依靠自身的修炼达到健身祛病、延年益寿的目的。古人对竞技性的身体运动并不重视，认为纯粹的力量、速度、灵敏、技巧等外在表现只是低层次的，与人切磋和过招重在较心、较智、较人格高低、较修养深浅。这样便很少有对抗激烈的竞技性项目，与西方体育追求更高、更快、更强，追求对抗与竞争，追求冒险和刺激有着很大的不同。因此，中国对竞技结果的态度也就表现出了与西方的不同，认为竞技的胜负本身是无足轻重的，“胜固可喜，败亦无忧”。无论胜负都是对人生的一种体验、一种磨砺，它们都可以对人格的完善起到促进作用，胜与负在对人的内在精神与气度的培养上具有同样重要的价值。

西方体育文化提倡竞争，其活动是在相互较量、相互比较的过程中完成的，提倡超越对手、超越自然障碍。在西方人看来，竞技场上的结果、成绩、名次直接影响着做人的价值以及自身的尊严，成绩的好坏是他一生成功与否的标志，成功与失败是两种完全不同的东西。因此，竞技场上的胜利者也往往被人们推崇为英雄。当今世界赛场上看到的绝大多数比赛项目都是西方体育项目，如田径、球类、拳击等，它们都具有很强的竞争性特点。西方体育运动激发人的勤奋、进取精神，提倡采用各种技术、战术以及优越体能来战胜对手，这也造就、强化和深刻影响着现代西方人的竞争意识。西方体育最大的属性是群体性，大多数项目是在集体协作的情况下完成的，由此极大地满足了人际交往的各种需要，为人们提供了交流的机会和条件。

总之，中西方体育文化是在不同的历史、文化背景下形成和发展起来的。虽然两者之间存在着巨大的差异，但各自有着突出的特点和价值功效，并不能确定其本身的优劣。随着社会的不断发展以及国际交流的日益频繁，人们对不同民族和地区的体育文化认识也将越来越深刻。中西方体育文化必然在各自的发展轨道上继续前进，取长补短，共同繁荣。

第三节　奥林匹克文化

奥林匹克运动不仅是当今世界规模最大、影响最广、层次最高的国际体育竞技活动，也是当今世界规模宏大的国际社会文化活动。奥林匹克文化是体育运动与文化和教育相融合的产物，是奥林匹克运动的灵魂和支柱，它所蕴含的丰富内涵和重要价值，是人类宝贵的精神财富。

一、奥林匹克运动的起源与复兴

（一）古代奥林匹克运动

起源的传说：“珀罗普斯娶亲说”是在古希腊传播最广、作品中也一再提到的神话之一。相传珀罗普斯看上了厄利斯国王俄诺玛斯的一个貌若天仙的女儿希波达弥亚，然而，要娶希波达弥亚为妻却不那么容易。因为俄诺玛斯曾经得到一个神谕：如果他的女儿找到一个如意郎君，并同他结婚，那么国王自己就会死去。因此，国王尽力阻止前来求婚的人，把所有求婚者都视作自己的死敌。然而，女儿总是要出嫁的，不可能总是把她关在皇宫里。于是，国王向全国发出布告：凡是愿意和希波达弥亚结婚的人，都必须先和他进行一场马车比赛，如果他获胜，求婚者就要被处死。比赛的起点是庇塞，终点是科任托斯海峡附近的波塞冬神庙。国王还允许求婚者乘着四匹马拉的战车先出发，自己先向宙斯献祭，等仪式完毕后，他再投入比赛。如果他追上先前出发的求婚者，就有权用长矛刺穿对方的胸脯。那些爱慕希波达弥亚的年轻人听到这些条件，都充满了信心，于是，年轻而英俊的小伙子一个接一个来到厄利斯，向国王的女儿求婚。国王很有礼貌地逐个接待这些年轻人，给他们提供四匹漂亮健壮的战马，而他自己则从容不迫地宰杀羔羊，献祭给宙斯，然后才乘上他的那辆由两匹母马拉的轻型战马车，追赶上去。但谁也想不到，这两匹马拉的战车奔跑得比风还快，每一次都是离目的地还有很远，国王就追上求婚者，并用长矛刺杀了他们。就这样，一连 13 个高贵而勇敢的年轻人相继都死在了国王的长矛下。珀罗普斯在路上听到了在厄利斯所发生的事情，不过，他并没有被吓退。这天晚上，他来到海岸边，呼唤他的保护神波塞冬，希望得到海神的帮助。结果一架战车如箭一样从深海中升起，战车由四匹带翅膀的马拉着，于是，珀罗普斯驾着这辆马车，风驰电掣般地来到厄利斯。国王看到珀罗普斯驾着海神波塞冬的神车，先是一阵惊慌，但是，即刻镇静下来。他仍然按照以往的规定和这个年轻人进行比赛。当珀罗普斯快要接近终点的时候，国王的马车还是追上了他，并挥舞着手中的长矛，准备给珀罗普斯以致命的一击。但是，珀罗普斯的保护神波塞冬始终在暗中关注着这次比赛，他在国王即将追上珀罗普斯时，弄断了国王的车轴，结果一个车轮突然掉了下来，马车摔得粉碎，国王也坠地而死。此时，珀罗普斯到达了终点，他回头时看到国王的宫殿被一道闪电击中，燃起了大火。他急忙驾车直奔宫殿，穿过滚滚的浓烟和烈火，把希波弥亚公主救了出来。厄利斯的人们看到了珀罗普斯的胜利，便尊他为国王。几天后，在厄利斯城举行了盛大的庆典活动，其中包括许多体育竞技项目。珀罗普斯成了古希腊运动会神话中的创始人。从此以后，人们把希腊南部的半岛以他的名字命名为珀罗珀涅斯（伯罗奔尼撒）。在奥林匹亚圣地还有珀罗普斯的坟墓，据说希波达弥亚还是后来古希腊女子体育竞技会（赫拉竞技会）的创始人。

“避免瘟疫传说”也是古代奥运会起源传说之一。公元前 884 年，伊利斯发生了一场灾难性的瘟疫，居民一个接一个地死去。往日繁华、充满欢乐的奥林匹亚，出现了悲惨景象。恰在这时，早已觊觎奥林匹亚的斯巴达国王，乘人之危侵入伊利斯城邦。伊斐图斯严厉地警告斯巴达国王说："我什么都可以给你，唯独圣山区—奥林匹亚不能给你！假如胆敢侵犯圣山，我们就要和你决一死战。"斯巴达国王不听警告，以为一举可以攻下他们垂涎已久的奥林匹亚，悍然发动了侵略战争。可是没想到却遭到了宁死不屈的伊利斯人的顽强抵抗，斯巴达人久攻不克。在希腊其他城邦调解下，不得不放弃了原先的打算。最后，斯巴达国王力古尔格和伊利斯国王伊斐图斯订立了《神圣条约》，条约规定奥林匹亚为定期举行庆典地，是神圣不可侵犯的和平圣地，庆典期间，任何人都不得携带武器进入奥林匹亚。《神圣条约》贯彻伊始，便被认为是古代奥运会开端之时，伊斐图斯便成了传说中古代奥运会创始人。

历史背景：在希腊人的心目中，最美的生活就是与神的生活最接近的生活，那就是宗教祭祀节日中的活动。每当农业丰收或橄榄、葡萄成熟的时候，人们就欢聚在一起并进行祭神庆典活动。当初，这种祭神活动仅是一项隆重的礼节，用简单的舞蹈动作来表示对神的崇敬和感激。后来这种祭神活动便成为一种盛大的节日，凡遇季节变化、重要农事、军事活动、生死婚嫁等，人们都要停止劳动，举行盛大集会。随着这种仪式的发展，便产生了祭神歌舞、体育竞技和戏剧表演等隆重的祭奠盛会。古希腊人希望与神灵同乐，用健美的舞蹈和裸体竞技以及艺术和诗歌来表达最奔放、最庄严的情感，以欢度人世间最幸福的时刻。

在古希腊，特别是最繁荣的伯里克利斯时代，每年在雅典举行的各类节日庆典活动多达60余次。在这些庆典活动中，内容主要有隆重的祭祀仪式、史诗的朗诵弹唱、歌舞音乐以及伴有戏剧和竞技项目的表演等。这些活动常常带有竞技的特色，日益为人们所喜爱，因而逐渐形成了许多地方性的竞技赛会。据史料记载雅典自庇西特拉图时代(公元前6世纪中叶)起，祭祀性的体育竞技会就已经具有全体民众的性质。当时组织者把大批装满橄榄油的陶瓮当作节日庆典赛会的奖品，分发给参赛的优胜者。在古希腊人看来，奥林匹斯山上的诸神与希腊人的战争胜败、祸福、生死息息相关，他们希望在战争中得到诸神的全力帮助。而体育运动竞技中的胜利，正好是战争中实力较量的良好预兆。因此，要获取竞技赛会上的胜利，正是古希腊人要获取战争胜利的心情的另一种表达方式。要保证能得到每场战争的胜利，就必须以对神灵的崇敬与祭祀来取得诸神的全力支持。这样，祭祀竞技活动便在古希腊的国土上得到了广泛的开展。

奥林匹亚竞技会：根据流传下来的有关文字记载，于公元前776年在希腊奥林匹亚地区举行的竞技赛会，即奥林匹亚竞技会，也就是现在所说的古代奥运会，是古希腊祭祀体育开始的年份，直至公元前 6 世纪，希腊祭祀体育的普及程度达到了顶点。从公元前 776 年开始，每四年在奥林匹亚村举行一次这种大型的竞技活动，届时奖给每个优胜者一顶神圣的橄榄枝花冠和一条棕榈树枝。据记载在赛会的前一天先要向宙斯举行隆重的祭祀典礼，然后才在宙斯神殿前的草地上举行比赛。最初只有赛跑一个项目，之后陆续增加了摔跤、五项竞技、拳击、赛马、赛车、掷铁饼、掷标枪、跳远等，最兴盛时期达到了 24 项之多。比赛地点也由宙斯神殿前移到了阿尔提斯神域外东北方向的专门体育竞技场，观众则站立在四周的坡形看台上。赛会期间，来自各个城邦的艺术家纷纷展示自己的作品，诗人吟诵诗歌，哲学家、历史学家发表演说。而商人则借此谈买卖、定契约，使竞技赛会成了全希腊思想、文化、经济交流的大集会。古代奥运会将体育竞技与文化艺术紧密结合，也是促成其长盛不衰的一个重要原因。

（二）现代奥林匹克运动的复兴

19 世纪后半叶，随着自由资本主义向垄断资本主义的过渡和世界市场的形成，民族间的壁垒被打破，体育也超越了国界，由此出现了国际间的体育交流和比赛，形成了体育国际化趋势，一些国际的单项体育组织相继诞生。如 1881 年第一个国际单项体育组织——国际体操联合会成立，1892 年国际赛艇联合会和滑冰联盟也相继成立。在国际单项体育竞赛蓬勃开展的基础上，人们又迫切要求组织世界上规模最大的综合性运动会，同时也需要成立一个能够协调各单项体育活动的大型国际体育组织。

自 19 世纪初期开始，欧美一些国家相继为复兴奥运会进行了各种努力与尝试。在众多为复兴现代奥运会的活动中，法国教育家顾拜旦是公认的奥林匹克运动的创始人，他为现代奥林匹克运动的产生做出了卓越贡献。1863 年，顾拜旦出生在法国巴黎一个古老的贵族家庭。其在中学时代便对古希腊历史产生了浓厚的兴趣，在英国留学期间，对英国学校的体育课、课外体育活动和郊游十分赞赏。在古希腊文化的熏陶和当时先进的英国资产阶级教育的影响下，他逐渐萌发了改革法国教育制度和倡导体育的思想。

1888 年，顾拜旦就任法国“学校教育、体育训练筹备委员会”秘书长。1889 年他代表法国参加了在美国波士顿举行的“国际体育训练大会”，进一步了解世界体育的动态。他认为，近代体育的发展正在走向国际化，应该借助古希腊体育的经验和传统影响，来推进国际体育，于是，产生了复兴奥林匹克运动会的想法。为了使这一想法得到实现，他前期做了大量的准备工作。

1892 年，顾拜旦遍访欧洲，大力宣传奥林匹克理想。同年 11 月 25 日在庆祝法国"体育运动协会联合会"成立3周年大会上，他发表了著名的演说，第一次公开和正式地提出了创办现代奥林匹克运动会的倡议。在演说中，顾拜旦阐明，现代奥林匹克运动会应该像古代奥林匹克运动会那样，以团结、和平和友谊为宗旨，但应该比古代奥林匹克会有所发展和有所创新，它应该向一切国家、一切地区和一切民族开放，并在世界各地轮流举办。顾拜旦的倡议使现代奥林匹克会从一开始就冲破了民族和国家的界限，具有突出的国际性。

1894年6月16—24日"国际体育运动代表大会"在巴黎索邦神学院举行，到会的正式代表有79人，他们分别是来自美国、英国、沙皇俄国、瑞士、西班牙、意大利、比利时、荷兰和希腊等12个国家的49个体育组织的代表。会议期间，又先后有21个国家致函，向大会表示了支持和祝贺。顾拜旦的精心设计和主持，唤起了与会者对古代奥运会的神往，与会代表一致同意他的主张，决定复兴奥林匹克运动会，并通过了《复兴奥运会》的决议。6月23日，大会通过了成立国际奥委会的决议，顾拜旦从79名正式代表中挑选出15人担任第1届国际奥林匹克委员会委员。大会商定通过于1896年在雅典举办第1届现代奥运会，并规定每4年举行一次奥运会，还规定了奥运会的比赛项目为田径、水上运动、游泳、划船、帆船、击剑、摔跤、拳击、马术、射击、体操、球类运动等。会上还确定了第2届奥运会定于1900年在巴黎举行等事宜。由于首届奥运会将于1896年在希腊首都雅典举行，因此，希腊委员维凯拉斯当选国际奥委会第1任主席，顾拜旦为秘书长。顾拜旦还亲自起草了国际奥委会的第一部宪章，这个宪章体现了古代奥林匹克运动的传统精神和现代奥林匹克的创新精神，提高了体育在教育事业和现代文明社会中的崇高地位。

二、奥林匹克标志

（一）奥林匹克五环标志

在1914年庆祝国际奥委会成立20周年纪念大会上，顾拜旦向大家展示了他自己设计的五环标志和一面印着五环标志的旗帜，并建议将五环作为奥林匹克运动的标志。顾拜旦解释了他对奥林匹克标志的设计思想："五环——蓝、黄、绿、红和黑环，象征世界上承认奥林匹克运动，并准备参加奥林匹克竞赛的五大洲，第六种颜色白色——旗帜的底色，意指所有国家都毫无例外地能在自己的旗帜下参加比赛。"所以，作为奥运会的象征，相互环扣在一起的五个圆环，就体现出了顾拜旦提出的可以吸收殖民地民族参加奥运会，为各民族间的和平事业服务的思想。在这届会议上，五环被正式确定为奥运的标志。

自1920年第7届安特卫普奥运会开始，五环的蓝、黄、黑、绿和红色开始成为五大洲的象征，分别代表欧洲、亚洲、非洲、澳洲和美洲。随着时间的推移和奥林匹克运动的发展变化，对奥林匹克标志的阐释也出现了变化。根据1991年最新版的《奥林匹克宪章》“奥林匹克标志”词条的附则补充解释，奥林匹克旗和五环的含义不仅象征五大洲的团结，而且强调所有参赛运动员应该以公正、坦诚的运动员精神在比赛场上相见。

《奥林匹克宪章》规定，奥林匹克标志是奥林匹克运动的象征，是国际奥委会的专用标志，未经国际奥委会许可，任何团体或个人不得将其用于广告或其他商业性活动。国际奥委会还要求各国采取必要的措施，保护奥林匹克标志，以确保奥林匹克运动的权威性，避免奥林匹克标志被随意滥用。

（二）奥林匹克旗

奥林匹克旗以象征着纯洁的白色为底，长3米、宽2米，中间是五色的奥林匹克五环标志图案。奥林匹克旗是根据顾拜旦的建议制作的，并于1914年为纪念现代奥林匹克运动诞生20周年，在巴黎举行的第6届奥林匹克代表大会上首次使用。1920年比利时国家奥委会向国际奥委会赠送了一面同样的旗，这面旗就成为国际奥委会的正式会旗，并在1920年第7届安特卫普夏季奥运会开幕式上升起。此后历届奥运会都举行会旗交接仪式，但使用的是一件代用品，其图案与原会旗一样，只是规格要大一些。冬季奥运会旗是1952年由挪威奥斯陆市赠送的，交接和使用方法与夏季奥会相同。

（三）奥林匹克格言

奥林匹克格言是“更快、更高、更强”。这一格言是顾拜旦的好友、巴黎阿奎埃尔修道院院长迪东在他学生举行的一次户外运动会上，鼓励学生时说过的一句话，他说：“在这里，你们的口号是：更快、更高、更强。”顾拜旦借用了好朋友的这句话，把它应用于奥林匹克运动。1920年国际奥委会把这句话正式确认为奥林匹克格言，在安特卫普奥运会上第一次使用。从那以后，奥林匹克格言的拉丁语版本“Citius, Altius, Fortius”出现在国际奥委会的各种出版物上。奥林匹克格言充分表达了奥林匹克运动所倡导的不断进取、永不满足的奋斗精神。虽然只有短短的6个字，但其含义却非常丰富，它不仅表示在竞技运动中要不畏强手，敢于拼搏，敢于胜利，而且鼓励人们在自己的生活和工作中不甘于平庸，要朝气蓬勃，永远进取，超越自我，将自己的潜能发挥到极限。

（四）奥林匹克会歌

奥林匹克会歌早在1896年第1届奥运会开幕以后就诞生了，这首歌由希腊著名音乐家斯皮罗斯·萨马拉斯作曲，抒情诗人科斯蒂·帕拉马斯作词，并且由斯皮罗斯·萨马拉斯指挥几百个人第一次演唱了它。不过，在第1届奥运会上并没有把这首名为“奥林匹克颂”的歌曲确定为奥运会会歌。直到1958年，国际奥委会才把《奥林匹克颂》确定为奥林匹克会歌。从那以后，在每届奥运会的开幕式和闭幕式上，都能听到那首悠扬的古希腊歌曲。

除了奥林匹克会歌之外，每届奥运会上东道主国家还会创作一些奥运会的主题歌，比如1984年洛杉矶奥运会上演唱的《欢乐通宵》、1988年汉城奥运会上演唱的《手拉手》、1996年亚特兰大奥运会上演唱的《登峰造极》、2000年悉尼奥运会上演唱的《圣火》、2004年雅典奥运会上演唱的《薪火相传》，还有2008年北京奥运会上演唱的《我和你》，以及2022年北京冬奥会上演唱的《我们一起向未来》，这些歌曲也给人们留下了深刻的印象。

（五）奥林匹克会徽

每届奥运会都有不同的会徽，但所有会徽都要有五环图案，然后再衬之以反映东道主特点或民族风俗的图案。奥运会会徽又称奥运会会标，现代奥运会（包括冬季奥运会）的每一届组委会都会为所举办的奥运会设计一种独特的会徽。奥运会会徽是奥运会最有权威性的形象标志。根据《奥林匹克宪章》规定，各主办国设计的会徽，未经奥运会组委会同意，不得用于广告和商业服务。这一规定保证了奥运会会徽的严肃性和权威性。

2008年北京奥运会的会徽是“中国印·舞动的北京”。会徽设计将中国特色、北京特点和奥林匹克运动元素巧妙结合，以印章作为主体表现形式，将中国传统的印章和书法等艺术形式与运动特征结合起来，经过艺术手法夸张变形，巧妙地幻化成一个向前奔跑、舞动着迎接胜利的运动人形。人的造型同时形似现代“京”字的神韵，蕴含着浓重的中国韵味。该作品传达了四方面含义：（1）中国文化。以中国传统文化符号——“印章”作为标志主体图案的表现形式，印章早在四五千年前就已在中国出现，是渊源深远的中国传统文化艺术形式，并且至今仍是一种广泛使用的社会诚信表现形式，寓意北京将实现“举办历史上最出色的一届奥运会”的庄严承诺。（2）红色。选用中国传统喜庆颜色——红色作为主体图案基准颜色。红色历来被认为是中国的代表性颜色，还是国旗的颜色，因此，具有代表国家、代表喜庆、代表传统文化的特点。（3）北京欢迎您。作品形象地表达出北京张开双臂欢迎世界各地人民的姿态，传递出奥林匹克的理念和精神。(4)冲刺极限，创造辉煌。现代奥林匹克运动一直强调以运动员为核心，会徽“中国印·舞动的北京”正体现了这一原则。印章中的运动人形刚柔并济、形象友善，在蕴含中国文化的同时又充满了动感。

会徽作品“中国印·舞动的北京”的字体采用了中国毛笔字汉代竹简的风格，将汉简中的笔画和韵味有机地融入“BEIJING2008”字体之中，自然、简洁、流畅，与会徽图形和奥运五环浑然一体。

(六)奥林匹克吉祥物

冬季奥运会的吉祥物设计，始于1968年第10届格勒诺布尔冬奥会，是一个半人半物的卡通型小雪人，称为雪士。

夏季奥运会的吉祥物设计，始于1972年的慕尼黑奥运会，是一个装饰性德国纯种小猎狗，称为瓦尔迪。1976年蒙特利尔奥运会，是一个海狸形象，称为亚米克。1980年莫斯科奥运会，是一个熊的形象，称为米莎。1984年洛杉矶奥运会，是一个鹰的形象，称为山姆。1988年汉城奥运会，是一个虎的形象，称为虎多力。1992年巴塞罗那奥运会，是一个抽象卡通牧羊狗的形象，称为科比。1996年亚特兰大奥运会，是电脑设计的一个“怪物”，最初名字叫“它是什么?”后来组委会采用了32位儿童的建议，定名为伊兹。2000年悉尼奥运会，是三种动物形象，即鸭嘴兽、针鼹猬、笑翠鸟，分别取名为悉德、米莉、奥利。2004年雅典奥运会，是两个玩偶娃娃——雅典娜和费沃斯。

2008年北京奥运会，是五个福娃，“贝贝”“晶晶”“欢欢”“迎迎”和“妮妮”，把五个福娃的名字连在一起就是“北京欢迎你”。他们的造型分别融入了鱼、大熊猫、奥林匹克圣火、藏羚羊和燕子的形象。

贝贝传递的祝福是繁荣。在中国传统文化艺术中，“鱼”和“水”的图案是繁荣与收获的象征，人们用“鲤鱼跳龙门”寓意事业有成和梦想的实现，“鱼”还有吉庆有余、年年有余的蕴涵。贝贝的头部纹饰使用了中国新石器时代的鱼纹图案。贝贝温柔纯洁，是水上运动的高手，和奥林匹克五环中的蓝环相互辉映。

晶晶是一只憨态可掬的大熊猫，无论走到哪里都会带给人们欢乐。同时作为中国国宝，大熊猫深得世界人民的喜爱。晶晶来自广袤的森林，象征着人与自然的和谐共存。他的头部纹饰源自宋瓷上的莲花瓣造型。晶晶憨厚乐观，充满力量，代表奥林匹克五环中黑色的一环。

欢欢是福娃中的大哥。他是一个火娃，象征奥林匹克圣火。欢欢是运动激情的化身，他将激情散播世界，传递更快、更高、更强的奥林匹克精神。他所到之处，洋溢着北京 2008 对世界的热情。欢欢的头部纹饰源自敦煌壁画中火焰的纹样。他性格外向奔放,熟悉各项球类运动,代表奥林匹克五环中红色的一环。

迎迎是一只机敏灵活、驰骋如飞的藏羚羊,他来自中国辽阔的西部大地,将健康的美好祝福传向世界。迎迎是青藏高原特有的保护动物藏羚羊,是绿色奥运的展现。迎迎的头部纹饰融入了青藏高原和新疆等西部地区的装饰风格。他身手敏捷,是田径好手,代表奥林匹克五环中黄色的一环。

妮妮来自广阔的天空,是一只展翅飞翔的燕子,其造型创意来自北京传统的沙燕风筝。"燕"还代表燕京(古代北京的称谓)。妮妮把春天和喜悦带给人们,飞过之处播撒"祝您好运"的美好祝福。天真无邪、欢快矫捷的妮妮在体操比赛中闪亮登场,她代表奥林匹克五环中绿色的一环。

(七)奥林匹克口号

奥运会口号是奥运会理念的高度概括和集中体现,往往要具有很强的亲和力和震撼力,很容易为不同背景的人们所接受、记忆和传诵。自从 1896 年雅典奥运会上提出了"更快、更高、更强,更团结"的响亮口号之后,奥运会上的口号就成了奥林匹克的重要组成部分。

1968 年墨西哥奥运会提出"全世界青年们相互了解、增进团结"。1972 年慕尼黑奥运会提出"光明、清新、慷慨"。1984 年洛杉矶奥运会提出"加入我们"。1988 年汉城奥运会提出"人类和谐"。1992 年巴塞罗那奥运会提出"永远的朋友"。1996 年亚特兰大奥运会提出"和谐、光辉、优雅"。2000 年悉尼奥运会提出"分享奥林匹克精神"。2002 年盐湖城冬季奥运会提出"点燃心中圣火"。2004 年雅典奥运会提出"欢迎回家"。2008 年北京奥运会提出"同一个世界,同一个梦想"。

三、奥林匹克文化的特征与内涵

(一)奥林匹克文化的特征

象征性。顾拜旦说:"奥林匹克运动是一个伟大的象征。"奥林匹克运动所主张的和谐发展的生活哲学,所倡导的团结、友谊、进步的精神,所规定的公正、平等竞争原则,所形成的各项仪式规范等等,都物化成了一系列独特而鲜明的艺术形式,如奥林匹克旗、吉祥物、会徽等。这些物化的艺术形式充分表达了奥林匹克丰富文化内涵,成为人类文明的标志。

多元性。现代奥林匹克运动倡导平等、尊重、公平竞争,反对一切形式的歧视,强调"参加比取胜更重要"的普遍性原则。奥林匹克运动的普遍性带来了文化上的多元性，正如前国际奥委会副主席何振梁先生所说：从奥林匹克运动一百多年的历史看，它之所以成功，原因之一是它对多种文化的兼容和尊重。这个明智的政策不仅确定了奥林匹克运动的多文化性，也使它更具吸引力和凝聚力。可以毫不夸张地说，多文化性正是奥林匹克运动的财富和力量所在。

观赏性。奥林匹克运动会是人体展示的最高形式，运动员精湛的技术、拼搏进取的精神，最大限度地挖掘自身的潜力，向生命的极限发出巨大挑战，创造出一种在努力奋进中求得欢乐幸福的形象。奥林匹克运动所营造的情感气氛、审美意境，以及其所构成的多姿多彩的文化景观，具有极大的观赏性，各类文化艺术形式吸引着数十亿观众。这种观赏性提高了人的美感修养，美化了社会生活。

人文性。古代奥运会已成为希腊民族文化的一部分，现代奥林匹克运动则是人文思想发展的产物，并强调以人为本、人的和谐发展。长期的奥林匹克运动实践积淀了丰厚的人文精神，体现了人们对真、善、美的追求。奥林匹克文化已经形成一门科学体系，也是人文科学的一部分，它所蕴含的人文性，具有良好的教育价值。

（二）奥林匹克文化的内涵

追求和谐发展。奥林匹克运动强调体育为人的和谐发展服务，以促进建立一个维护人的尊严的和平社会。提出健康的身体是健康生活的基础，健全的灵魂寓于健全的体魄，应当注重体魄锻炼与文化素质相结合。倡导增强体质、意志和精神并使之全面均衡发展，竞技优胜者不仅要技艺高强、体魄健美，而且道德高尚、知识丰富。

奥林匹克运动作为培养人的一片沃土，是对人进行全面发展教育的过程。通过体育活动磨炼意志，增强体质，发展和提高思维能力，塑造完善的人格。顾拜旦说："体育是增强民族体质、矫正畸形身躯的最直接的途径，是培养荣誉心和公正无私精神的理想手段。"他的《体育颂》高度颂扬了体育的作用，鼓励人们积极投身到体育运动中，不仅拥有健康的体魄，而且拥有良好的素质，成为高尚、公正、坚强、聪明、健美的人。

促进团结友谊。奥林匹克运动的最高目标就是要通过体育活动的手段，把世界不同国度、不同种族、不同语言、不同宗教信仰的人们凝聚到一起，促使大家相互交往，增进了解和友谊，进而为建立一个维护人的尊严与更美好的世界做出贡献。古代奥运会以橄榄枝为最高奖品，象征吉祥、友谊与和平。它制定了神圣休战条约，保证奥运会神圣不可侵犯。古代奥运会对制止战争、维护和平起了重要作用。现代奥运会继承这一传统，强调国家民族平等，维护人的尊严，倡导多元文化，彼此兼容，和平相处。

团结友谊是人类生存与发展的基本准则，现代奥林匹克运动反映了人类这一最强烈的愿望，从而使它具有广泛的号召性和强大的生命力。奥林匹克标志由五环组成，五环的颜色规定为蓝、黄、黑、绿、红，并从左到右互相套接，代表五大洲的团结和全世界的运动员在奥林匹克运动会上欢聚一堂。现代奥林匹克运动试图筑起沟通各国人民之间联系的桥梁，是连接各国人民团结的纽带，以此增进不同民族、不同文化的人们之间的互相了解，促进世界和平，减少战争威胁，因而它成为世界和平事业的一个重要组成部分。

体现公平竞争。奥林匹克是一种以竞技体育为主要活动内容的体育运动。竞争是竞技体育的突出特点，它具有激烈的对抗性和鲜明的娱乐性。在比赛中，运动员之间通过剧烈的身体接触和对抗，最终分出胜负，既锻炼了身体，又磨炼了意志品质，也为观赛者提供了健康的娱乐享受。竞争是推动人类社会进步的基本手段之一，在竞争中可以抒发雄心壮志，增长聪明才智。参加竞赛活动，必须树立起敢争高低的竞争意识，勇于向世界强手和世界先进水平挑战，不断超越自己，超越他人，超越世界最高纪录，这正是人类前进的动力。

奥林匹克倡导的竞争是以公平的道德标准为前提的，强调“体育就是荣誉，但荣誉公正无私”。这是对人的尊严的维护，也是实现奥林匹克宗旨的保证。古希腊公平竞争的范围仅指希腊血统的男性公民，占人口一半的妇女和人数上大大超过公民的奴隶及异邦人则与此无缘，而现代奥运会则对全世界所有人开放，运动员处于完全平等的条件下，遵守规则，凭借自身的能力，光明磊落地进行比赛，这是真正的公平竞争。这种公平竞争原则表现为：在由组织者统一提供的具备同一条件的场地内，在完全对等的比赛规则之下，在裁判者的公平执法尺度下，竞赛者完全凭借自己强健的身体、机敏的头脑、良好的反应力及控制力去战胜对手，获取胜利。只有在这种公平规则的基础上，体育运动才富有独特的魅力，竞赛的胜负才有真正的意义。

强调奋力拼搏。奥林匹克运动倡导从奋斗中求得幸福的人生态度，倡导最大限度地挖掘自身的潜力，向自身体能、生命的极限挑战，勇敢竞争、奋力拼搏是实现生命价值的真谛。赛场上的奋斗是人类奋斗的缩影，拼搏的艰辛、竞争的激烈，不仅对场上运动员有直接刺激，而且对场下众多的观众，尤其是青少年有着更深远的教育意义。奥运会的格言是“更快、更高、更强”，它的含义表达了奥林匹克运动不断进取、永不满足的奋斗精神和不畏艰险、勇攀高峰的大无畏精神。奥运金牌是由一首首拼搏之歌铸就的，它凝聚着运动员和教练员无数的心血和汗水，更反映了对人类崇高理想、品质、意志和能力的不懈追求。

提倡重在参与。奥运会的名言是“参加比取胜更重要”。体育不仅仅是技术与体能的较量，更是精神、斗志和气势之间的较量，因此过程比结局更重要。奥运会为每名参加者提供了夺取金牌的机会，但金牌只青睐于那些永不放弃一切机会与希望的顽强追求者，这是夺取胜利的思想内涵，是体育的精髓。在体育比赛中，冠军永远只有一个，要努力去争、去拼，这是每个参赛者应有的追求。有的运动员明知可能拿不到冠军，甚至连铜牌都拿不了，但他们不甘失败，而是尽力去争、去拼，这种精神尤其值得鼓励和倡导。

奥林匹克文化的内涵丰富，包含着整个奥林匹克运动各种活动的全部过程，集中体现为和谐发展、团结友谊、公平竞争、奋力拼搏、重在参与等方面。和谐发展、团结友谊体现着奥林匹克运动的宗旨和目的，公平竞争、重在参与体现奥林匹克运动的法制原则和行为规范，奋力拼搏则体现了奥林匹克运动的进取精神和思想境界。这些都是人类的精神财富，是人类对真、善、美的追求，是人类崇高理想的体现。这也正是奥林匹克文化对世界发展产生积极影响的原因所在。

四、北京奥运会的三大理念

北京获得2008年奥运会的举办权是全国人民对北京的大力支持，是世界对北京的认同和信任。根据“为人的和谐发展，以促进建立一个维护人的尊严的和平社会”的奥林匹克宗旨，北京提出了“绿色奥运、科技奥运、人文奥运”的举办理念。我们可以看到绿色环保日益成为全社会的自觉行动，现代科技为场馆建设和运营提供了坚实的支撑，各项筹办工作始终坚持以人为本。北京面对世界，做出了郑重的承诺，中国也信守这一承诺，全力贯彻“绿色奥运、科技奥运、人文奥运”的三大理念，并且从抽象变为现实，实现了非凡的跨越。

（一）绿色奥运

绿色奥运，就是将环境保护作为奥运设施规划和建设的首要条件，表达了北京人民对我们共同的家园发自内心的珍爱。北京在各个领域里努力推广环保工作，制定严格的生态环境标准和系统的保障制度；广泛采用环保技术和手段，大规模多方位地推进环境治理、城乡绿化美化和环保产业发展；增强全社会的环保意识，鼓励公众自觉选择绿色消费，积极参与各项改善生态环境的活动，大幅度提高首都环境质量，建设生态城市。2008年北京奥运会以绿色清新的面貌为世界环保运动注入了新的动力。

银灰色的“鸟巢”、蓝色的“水立方”、金色的五棵松篮球馆，北京奥运会的一个个标志性建筑色彩各异。绿色奥运理念的施行，让它们拥有了共同的色彩——“绿色”。

由于北京水资源相对缺乏，因此节水就成为每个奥运场馆的共同追求。集成采用大量的节水技术之后，“鸟巢”也已成为一个典型的节水建筑。据有关报道，“鸟巢”

仅通过雨洪回用系统，就可将建筑屋面、比赛场及周边地区2万多平方米的雨水收集起来，可满足自身50%的用水需求。这些再次回收利用的水不仅可以用于比赛跑道的冲洗，而且可以用于场馆的室外绿化。体育场馆等大型公共建筑耗能过高，一直是社会高度关注的问题。而严格按照绿色建筑标准设计、建设，则正是“水立方”的一大特色。它的各项节能措施有：采用大量专门措施降低自来水消耗，每年可减少废水排放量14万吨；用空腔内透光的照明方式，采用单颗1W大功率LED光源，比荧光灯节能60%以上；采用ETFE膜围护结构设计，通过腔通风、自然通风等节能措施，比国家公共建筑节能设计标准整体节能9%左右。北京奥运场馆已成为全球利用太阳能发电量最多的建筑群之一。仅国家体育馆等7个奥运场馆的太阳能发电系统年发电量就达58万千瓦时，相当于北京市近万人口一年的生活消费用电量。

随着绿色奥运理念的施行，人们的生活环境因此也得到了巨大的改善。对北京环境质量改善最有发言权的，应当是长年生活在这里的城市居民。例如，据生活在清河边的市民反映：“以前到夏天时，这条河特别臭，根本没法在河边散步。现在河水治理好了，晚饭后，大家都爱去河边走一走。”另据北京市有关部门统计，北京已累计投入上千亿元，在防治烟煤型污染、机动车污染、工业污染、扬尘污染、生态保护和建设等方面，连续实施了13个阶段200多项治理措施，空气质量已连续9年得到改善。北京的“蓝天”数量，已从1998年的100天增加到2007年的246天。

绿色奥运理念引导着越来越多的人自觉地选择“绿色”的生活方式。像许多国际大城市一样，机动车尾气是北京空气污染的罪魁祸首。2006年6月5日世界环境日当天，北京的许多车主发起了“少开一天车”的公益活动，目前已吸引了北京112家汽车俱乐部、民间环保组织、高校环保社团的20余万车友加入。响应这项活动的人员说道：“我每周至少少开一天车，坐地铁就可以到单位，既省得堵车，又节约不少汽油资源，更重要的是为保护环境做出了贡献。”普通民众的自觉行为得到了专家的高度肯定，一位非常关注环境问题的中国气象科学研究员说：“对普通老百姓来说，平时培养健康的生活习惯，每月少开一天车，少烧一点儿煤，对环境都能产生积极的影响。”很多人的生活习惯乃至政府决策都因绿色奥运这一理念而发生改变。污染严重的工厂陆续迁出市区，更加绿色环保的消费品进入家庭，机动车排放和燃油标准不断提高，公共场所禁止吸烟和禁用超薄塑料袋等举措陆续出台，绿色环保已成为中国公众文明的重要内容，以更快的速度融入中国百姓的日常生活。

（二）科技奥运

科技是人类文明进步的动力源泉。古老的中国，曾在世界科技史上占有重要地位。今天的中国人民，不仅与全世界共享科技文明的成果，也在各个领域推动世界科技的进步。科技奥运能反映出科技最新进展，集成全国科技创新成果，提高北京科技创新能力，推进高新技术成果的产业化及其在人民生活中的广泛应用，使北京奥运会成为展示高新技术成果和创新实力的窗口。

国家游泳中心“水立方”，以它梦幻般的蓝色吸引了全世界的惊叹目光。而在光影魅力的背后，则凝结着无数科技工作者的心血和汗水。半导体（LED）照明是新一代照明技术，“水立方”业主对其有浓厚兴趣，但心里没底。科技部有关部门牵头组织国内最具优势的科研单位与业主一起进行分析论证，国家 863 计划也给予其大力支持，科技工作者全力攻关，最终取得了一系列的技术突破，为“水立方”的景观照明提供了坚实的科技支撑。据相关科研项目专家介绍，使用 LED 照明，不仅比普通照明节能近 70%，而且由于采用了计算机编程控制，可以显示各种不同颜色和动态图案，为水立方营造出了变幻莫测的光影奇观。而 LED 景观照明只是“水立方”众多技术难题中的一个。钢结构关键技术、ETFE 膜结构装配系统关键技术、室内环境系统关键技术、智能救生系统等等，使美轮美奂的“水立方”，包含着无数的科技奥秘。北京奥运会申办成功后仅 14 天，科技部、北京市政府、国家体育总局、中国科学院、中国工程院等部门共同宣布：实施“奥运科技（2008）行动计划”。行动计划提出，要针对奥运申办过程的焦点问题和奥运对科技提出的需求，开展技术示范和科技攻关，在治污节水、清洁能源、清洁汽车、智能交通等方面建设一批先进技术的试点示范工程，围绕数字奥运，在数字新闻信息系统、智能化比赛管理系统、信息安全等方面建设标志性工程，围绕运动科研，开展医疗保健和运动器材、兴奋剂检测等关键技术的研究工作等。

当全球气候明显变化、生态环境不断恶化、能源问题举世关注时，中国科技界义不容辞地把科技奥运与节能减排结合起来，全力为绿色奥运提供坚强的科技支撑。据统计，在筹办北京奥运过程中，采用的“绿色”技术达 358 项，其中水资源保护技术 121 项，新能源利用技术 69 项，节能技术 168 项。仅节能技术的普遍采用，就让北京奥运会所有比赛场馆在运行时可节能 50%，所有的居住设施可节能 65%，每年可减少二氧化碳排放 5.7 万吨。奥运火炬虽小，但科技含量很高。中国工程院院士刘兴洲说：“在各种气候和地理条件下，圣火燃烧不能受影响，还要轻便、安全和环保，这些都需要先进可靠的技术作为保障。”刘兴洲组成的科研团队，经过技术攻关，终于研制出符合要求的奥运火炬内部燃烧系统。这套具有完全自主知识产权的系统，通过增加稳压装置、主燃室和预燃室双保险等方式，成功解决了低温、低氧、大风、大雨下燃烧等一系列难题，从而确保了奥运火炬在全球传递的顺利进行。从新型建筑材料的研发，到关键材料技术的掌握；从节能照明灯的推广，到新型花卉的培育；从3G手机的问世，到京津城际高速列车的试运行，在此可以自豪地说，北京奥运会的科技含量是举世瞩目的，是奥运历史上科技含量最高的一届运动会，广大运动员和民众都享受到了这些科技成果带来的便利。同时，奥运科技创新成果的全面推广与应用，必将促进我国的科技水平和自主创新能力的进一步提高。

（三）人文奥运

2008年北京奥运会是一次人文奥运的盛会。它在普及奥林匹克精神，弘扬中华民族优秀文化，展示北京历史文化名城风貌和市民的良好精神风貌的同时，加深了各国人民之间的了解、信任与友谊，推动了中外文化的交流。北京奥运会坚持“以人为本”，以运动员为中心，构建体现人文关怀的环境，为八方来客提供了全方位的优质服务。努力建设使奥运会参与者满意的自然和人文环境，促进人与自然、个人与社会、人的精神与体魄之间的和谐发展。

“鸟巢”是一件令人难忘的建筑作品，入场时观众与车辆分流，同时确保观众安全；设置多个导视路标，方便观众找到座位；无障碍设施十分完备，残疾人能够直接进入一层看台；看台分成7层，每层观众都不会被前排坐椅挡住视线等。令人难忘的不仅是“鸟巢”的人性化设计，“水立方”的更衣室、卫生间、池岸区等区域，都铺设了防滑保温的人造石地砖，运动员无论走到哪里，感觉到的都是温馨。北京射击馆采用了生态型呼吸式遮阳幕墙，观众一走进馆里，立刻会感到丝丝凉爽。“人文奥运是三大奥运理念的核心，它要求奥运筹办工作处处以人为本。”北京市奥运工程建设指挥部顾问万嗣铨说，“具体到场馆建设，就是要注意强化人性化的设计，尽可能让运动员、教练员、裁判员和广大观众感受到方便与舒适，充分体现对各类人群特别是残障人士的关怀。”细节体现关爱，细节决定成败，北京奥运场馆的细节处理，赢得了国内外的一致赞许。

在参与中传播奥运精神，在参与中享受奉献的快乐。奥运志愿者开始招募以后，年近古稀的孙茂芳老人第一时间提出申请。在“好运北京”体育赛事、北京国际公路自行车邀请赛等多项城市志愿服务中，无论风雨寒暑，他带领的志愿服务小分队始终活跃在北京王府井服务站点上。他说：“做一名奥运志愿者，是我长期以来的一个梦想。希望通过我这样一位老人的志愿服务，让更多的人参与到服务奥运的行列中来。”据报道，北京奥运会期间有10万名志愿者直接参与赛事工作，而报名人数已达130万人，这在奥运历史上绝对是一个空前的数字。“注重解决人民群众最关心、最直接、最现实的利益问题，使筹办奥运会的各项工作造福广大人民群众。”为办好奥运会，北京和其他奥运协办城市始终坚持以人为本，努力使广大群众分享发展成果。在北京，政府部门不断加大社会公共服务投入，普通民众得到的实惠越来越多。借奥运会契机，北京市确定了优先发展公共交通的战略，公交车总数从 2001 年的 17000 多辆增加到目前的 2 万多辆。与此同时，北京地铁也得到迅猛发展，地铁 13 号线、8 通线、5 号线、10 号线、机场线和奥运支线相继建成，越来越多的市民可以享受到快捷的城市轨道交通。此外，北京市民普遍关注的医疗、教育、就业、住房、社保等民生问题，也逐步得到解决。始终坚持以人为本，把全力筹办奥运会与努力使广大群众共享发展成果相结合，正因如此，北京奥运得到了民众的真心支持，人文奥运理念也注入了独特的中国内涵。

北京冬奥会是 2022 年 2 月 4 日至 2 月 20 日在中国北京举办的第 24 届冬季奥林匹克运动会。北京冬奥会是一场具有深远意义的国际体育盛会，凝聚着全球共同的关注和期待。这次冬奥会不仅是中国承办的一场国际体育盛事，更是一个重要的历史节点，具有多方面的深刻意义。

首先，北京冬奥会标志着中国在体育领域的崛起和发展。作为第一个既举办夏季奥运会又主办冬季奥运会的国家，中国在体育赛事承办方面迈出了重要一步。这不仅证明了中国在国际体育舞台上的影响力和实力，也为全球推动冬季运动的普及和发展树立了榜样。通过冬奥会，中国向世界展示了其在冰雪运动、场馆建设、组织能力等方面的卓越成就。

其次，北京冬奥会强调可持续发展和环保理念，体现了人类对环境可持续性的关注。在奥运会组织和建设中，中国积极采用了一系列环保、绿色的举措，包括建设绿色场馆、推动绿色交通、加强垃圾分类等。这不仅是对奥运会“更快、更高、更强”精神的践行，也是对全球可持续发展目标的积极贡献。通过这一倡导，北京冬奥会对全球体育赛事的可持续性和生态环境提出了新的标杆。

再者，冬奥会是各国间文化交流与理解的桥梁。通过运动员和观众的交流，不同国家和地区的文化得以展示和传播。北京冬奥会通过丰富多彩的文化活动、开闭幕式、奥林匹克文化展览等手段，为各国人民提供了更多了解彼此的机会，促进了世界各国之间的友谊、合作与共赢。

此外，冬奥会还对冰雪运动的推广和发展具有积极影响。中国在冰雪运动领域的发展已经成为国际体育界瞩目的焦点。通过冬奥会，中国不仅能够激发本国人民对冰雪运动的兴趣，还可以为全球范围内的冰雪运动提供有力支持，促进冰雪运动在更多国家的传播和普及。

最后，北京冬奥会也为国际社会提供了一个共同面对挑战、迎接机遇的平台。在全球面临多种共同挑战的时刻，冬奥会成为一个让世界各国团结协作的机会，共同推动人类社会朝着更加包容、和谐、共同繁荣的方向前进。通过这样的国际交流与合作，冬奥会为构建人类命运共同体奠定了坚实基础。

第三章 体育教学的研究与探索

第一节 体育教学指导思想与制约因素

学校体育教学指导思想是对体育教学活动起方向指导作用，并以教学目标、任务为核心的基本观点与认识。它从体育教学角度反映了一定时期社会对学校体育、体育教学培养人才的要求，从根本上与社会的政治经济发展水平、学校体育发展水平相符合，以适应当今的社会对人才培养的新要求。按照改革开放时期党的教育方针，人们开始从多角度、多层次的系统出发，进一步确立起生物、心理、社会等多层次的学校体育观。学校体育指导思想在强调学校体育要增强学生体质的同时，为终身体育求基础，为竞技运动备人才，为培养个性全面发展的社会主义现代化建设者服务。

一、体育教学指导思想

虽然高校体育理论界开展过多次有关体育教学指导思想问题的讨论，但至今尚未取得一致的认识。总体归纳起来，主要有以下几种观点：①体育教学应以增强学生体质、提高健康水平为主，因此提出“体质教育”的指导思想；②“三基”教学是体育教学的中心环节，因此提出“技能教育”的指导思想；③体育教学应以促进学生德、智、体全面发展为方针，以全面完成体育教学各项目标为主导，因而提出“全面教育”的指导思想；④当前国内外教育家都十分重视学校教育中培养和发展学生的能力，所以提出“培养能力”的指导思想；⑤随着竞技体育的发展，许多高校都成立了高水平的运动队，于是有的学者强调高校要为发展学生竞技能力，提高运动技术水平，因而又提出了“竞技体育”的指导思想。此外，还有“快乐体育”“主动体育”“终身体育”等体育教学指导思想。从现阶段体育教学改革的现状来看，各种指导思想都不同程度地在起作用，各种观点都有不同的针对性、时代性和强调的重点。在当前体育教学改革的热潮中，体育教学指导思想观点纷呈，各种指导思想的提出和争论，是深化体育教学改革和活跃学术气氛的表现，这对于逐步建立具有中国特色的体育教学体制是十分有益的。

体育教学指导思想是体育教学活动的根本方向和目标，体育教学要落实以终身体育为指导思想，就必须立足于现实，着眼于未来，对现有的体育课程进行整体改革，重视体育理论知识的传授；建立“少而精”的体育实践教材新体系，延长开设体育课程的年限，体现“以人为本”的观念，关注学生的身心健康，为学生终身健康服务。

二、体育教学指导思想的主要制约因素

体育教学指导思想的形成和发展具有历史的和逻辑的必然性，但制约这种必然性的因素是多种多样的，这些诸多因素的矛盾运动影响着它的产生和发展。正如恩格斯所说：“历史从哪里开始，思想进程也应当从哪里开始。而思想进程的进一步发展不过是历史过程的抽象的、理论上前后一贯的形式的反映；这种反映是经过修正的。这时，每一个要素可以在它完全成熟具有典型形式的发展点上加以考虑。”尽管要理顺这些复杂的制约比较困难，但从系统论的角度把体育教学看成一个系统加以分析和概括的话，我们可以把体育教学指导思想的诸多制约因素分为外部主要制约因素和内部主要制约因素。

（一）外部主要制约因素

体育教学指导思想作为一种理性的东西，综合反映了一种社会现象，它绝不是独立地存在，必然受到某些哲学思想、教育思想和民族习惯及文化观的影响。因为思想史的研究不是单一地研究某一领域，而是站在政治、经济、历史、教育、宗教、社会这一层次上综合地、全面地论述它的理论体系和学说。体育教学本身是由于社会的需要而产生的，它的思想是一种社会思潮、倾向和目的之复合的体现。这种复合体必须依托于一定社会的政治、经济、文化背景而存在，正如我们研究体育思想史时，要把某一体育思想纳入整个社会背景中去分析它的产生、发展和各种社会因素，当我们从整个社会的政治、经济、文化等背景考虑体育教学指导思想的制约因素时，也不能忽视社会生产力发展水平，尤其是科学技术发展水平。科学技术是第一生产力，它的发达程度往往取决于教育发展水平，而教育发展水平标志着教学论和心理学的发展水准。作为学校教育一个重要组成部分的体育教学，当我们研究其指导思想的制约因素时，就不得不考虑这些因素。

综上所述，我们探讨体育教学指导思想的外部制约因素，必须从全面的、综合的、联系的观点出发，既考虑社会背景，又考虑社会生产力发展水平。

（二）内部主要制约因素

体育教学指导思想不仅受到外部因素的制约，还受其系统内部，如体育教学的本质特征和功能、学生身心发展特点和规律、传统体育教学观念、学校体育教学发展不

平衡和多样性、体育教师的政治水平和业务水平、学生的体育观念和体育态度等诸多因素的影响。

第二节　体育教学体制的目标、内容、方法和评价

一、不断发展体育教学目标

目标是想要达到的境地或标准。体育教学目标是体育教学活动的主体在具体教学活动中所要达到的结果或标准，是教和学双方都应共同遵循的，对教师来说是教授的目标，对学生来说则是学习的目标。理想的教学目标应该是教授目标与学习目标的统一体。由于体育教学目标是在具体的教学活动中所达到的结果，也就意味着具体教学活动不同，教学目标是存在差异的。可以说体育教学目标是一个系统，由大小不等、具有递进关系的一系列教学目标组合而成。它包括教学总目标、课程教学目标、单元教学目标、课时教学目标几个层次，各个下属目标都是其上位目标的具体化。人们追求的目标，总是有特定价值的目标，有特定价值的目标又总是诱发人们的追求。总之，追求价值是人们产生行为的内在动因。体育教学目标也一样，它必须有特定的价值，使人们通过选择教学内容、方法、手段等来实现价值。

（一）体育教学目标的发展过程

自新中国成立起，70 多年以来，我国体育教学目标从单一追求社会需要向追求社会需要与个体需要相结合的方向发展，可以通过 6 次体育教学大纲的修订过程看到这一趋势。1956 年，我国第一套体育教学大纲明确规定体育教学的目标是“培养学生成为全面发展的社会主义的建设者和保卫者”。1960 年，高校体育教材规定了体育教学的目标是“增强学生体质，并通过体育向学生进行共产主义教育，使学生能更好地学习、参加生产劳动和准备保卫祖国”。1976 年至 80 年代中期学校体育教学大纲规定体育教学目标是“增强学生体质，使之在德育、智育、体育几个方面都得到发展，成为有社会主义觉悟的有文化的劳动者”。1992 年，体育教学大纲规定体育教学的目标是“全面锻炼学生身体，增进学生身心健康；掌握体育的基础知识、基本技能，提高学生的体育意识和能力，为终身体育奠定基础；培养学生良好的思想品德，陶冶学生情操”。2000 年，体育与健康教学大纲规定体育教学的目标是“学校体育与健康教学以育人为宗旨，与德育、智育和美育相配合，促进青少年身心的全面发展，为培养社会主义的建设者和接班人奠定良好的基础”。2002 年，体育教学大纲规定体育教学的目标是“使大学生掌握体育与健康的基本知识、运动技能和科学健身方法；培养运动兴趣和爱好，

形成终身体育的意识、习惯和能力；培养竞争意识、合作精神、坚强意志品质和良好的体育道德，增强控制情绪和抗挫折能力；养成积极乐观的生活态度和健康的行为方式；培养关注和参与社会体育与健康事务的能力”。从以上所列举的目标来看，1992 年以前的体育教学目标要求学生增强体质，在德、智、体、美各方面都得到发展，目的是为社会主义培养合格的建设人才，很明显这一目标强调了社会需要，突出了体育教学的社会价值。1992 年以后，体育教学大纲对教学目标的表述发生了很大的变化，突出特点是重视了学生身心发展，为学生终身体育奠定基础，在教学中注重陶冶学生的情操等个体的需要，尤其是 2000 年的体育与健康教学大纲明确指出“应以育人为宗旨”，更加明确了以学生为本的教学目标。从此，体育教学目标才实现了由单一追求社会价值向追求社会价值和个体价值相结合的方向发展。分析我国体育教学目标的发展轨迹可见，它与我国政治、经济、文化教育发展的时代要求相合拍。这个全国统一规定的教学目标，以及为实现这个目标而建立的一套体育教学的基本体系，其主要特征如下：教学目标的统一性；教学要求的整体性；教材内容的系统性；教学管理的纪律性。

（二）体育教学目标的发展特点

任何阶段的体育教学目标的规定、发展和变化都要与当时社会的政治、经济、文化的发展紧密相关，都要服从、服务于社会的需要，遵循教育的发展规律；体育教学目标涵盖了智育、德育、美育和体育各个方面的内容，具有很强的统一性，从而制定了统一的教学体系；体育教学目标是实现体育目标中的增强体质、增进健康的基本途径之一，在任何阶段增强学生体质都是体育教学目标的首要目标。体育教学任务是体育教学目标的具体体现，体育教学目标的制定要完全符合全体大学生的身心发展规律和社会发展的实际需要。

（三）体育教学目标的发展趋势

在倡导“以人为本”“健康第一”“终身体育”的教育观念的同时，体育教学目标也从单纯追求学生外在技能学习转向面向全体学生的身心协调发展，打破传统的以运动技能传授为主线的教学体系，构建以学生的个体需要、体育能力、习惯的培养、健身娱乐、体育卫生健康知识传授为一体的新的教学体系。

首先，重视发展学生身体，增强学生体质、体育科学基础知识、体育运动和卫生保健基本知识和技能的传授；其次，在高校体育课教学中，重视学生终身体育态度意识和行为、能力的培养；最后，在高校体育课教学中，强调适应和发展学生的个性，注意培养学生对体育的爱好和享受体育学习带来的乐趣。

（四）体育教学目标的价值取向

所谓价值取向，是人们价值思维和价值选择的方向性。体育教学目标的价值取向也就是在制定体育教学目标时对体育的价值思维和价值选择的方向性。体育教学目标是体育教学所要达到的目的，是一切体育教学活动的出发点，又是最终的归宿，同时也是体育教学目标的价值得以实现的可能，体育教学目标的价值取向分为社会本位和学生本位。社会本位要求教学以社会为价值主体，切实满足社会需要，把学生培养成社会所需要的人。学生本位要求教学应满足学生个体的需要，教学应以学生的兴趣、需要为出发点，让学生自由地、自然地发展。

二、深入改革体育教学内容

（一）体育教学内容的概念

目前在我国体育教学内容的概念还没有一个统一的定义，概括起来，大致有以下三种：第一，体育教学内容是依据体育教学目标选择出来、根据学生发展需要和教学条件进行加工的，在体育教学环境下传授给学生的体育知识原理、运动技术和比赛方法等，体育教学内容与体育教材的意思基本相同。第二，为实现体育教学目标而选用的体育卫生保健基本知识和各种运动动作。第三，体育教学内容指的是在体育教学活动中，传授给学生的体育与健康知识、技术技能、培养思想品德、发展智力、体力的总体系。笔者认为，体育教学内容是针对体育教学目标而选择的有利于促进学生身体健康的各种体育理论与运动活动的总称。

（二）教学内容的改革

高校传统的体育教学内容与中小学雷同，多而杂，重点不突出，无针对性。缺乏培养学生从事体育活动的兴趣、爱好、习惯以及独立进行身体锻炼的能力。体育课教学内容中，轻视理论知识教学的现象非常严重，体育人文、体育锻炼等有关科学知识的传授，缺乏针对性、时效性和长远性，学生对自己的体育实践往往没有深刻认识，因此难以在课后自觉锻炼。高校体育与社会体育断层，缺乏连续性和统一性，教材选择缺乏终身受益的内容，导致不少大学生大学毕业后，体育活动也就此终结了。因此笔者认为，应从以下几个方面对体育教学内容进行改革：

1. 健身性

健身是体育的本质功能，也是体育教育追求的最根本的目标。尤其是面临当今学生体质、体能下降的现状，更应选择健身强体的体育内容，比如我们在每一次体育课都加进了素质锻炼的内容。

2. 教育性

教育性即选择的内容蕴含着丰富的教育因素，对学生的体育意识、体育行为、道德品质、人格完善能产生深刻影响的内容。比如教师穿插在课堂中，寻找恰当的时机讲解课的理论意义和实际意义。

3. 针对性

针对不同的教育对象，就要采取不同的措施，不可千篇一律，应多鼓励，充分调动学生的参与意识。

4. 娱乐性

娱乐性即选择的体育内容具有趣味性、游戏性与新颖性，选择对放松身心、消除疲劳、调节情绪、改善心态、丰富生活具有积极作用的项目，如攀岩、定向越野等。

三、创新体育教学方法

长期以来，我国的体育教学一直以技术教学、技能教学、体能培养为主导思想，运动成绩为主要要求，生物体育、体能体育成为高校体育建设的目标，因而注重运动教育、技能教育、体能教育，注重教学的形式、结构、内容、方法、手段、要求、考核、评价等的统一性与标准化。在新中国成立初期和社会经济大发展初期，这种体育教学适应国家建设所赋予高校体育的目标和要求，促进了体育的发展，具有积极的意义。当前国家经济转型，世界文化交流激增，旧体育思想和观念的局限性与片面性凸显。体育教学如何与整个高等教育发展相协调，如何适应转型期体育建设的主题，如何适应人才培养的新模式，这是需要从根本上改变现状、摆脱桎梏、创新高校体育发展模式的关键，也是能否在新形势下全面展示体育育人功能的关键。本着结合高校体育的实际，从教学方法入手，慎思素质教育及“健康第一”对体育教学提出的本质要求，以实践研究为基础，突破传统教学方法中不适合时代要求的内容。重新审视体育教学的教育本质，强调教师的导学与导练，让学生通过高校体育的教育具备一种自学自练的体育能力，以此推进体育教学“课内外一体化”整体性改革进程，促进高校体育适应时代发展的要求。

（一）当前体育教学方法存在的主要问题

1. 教学方法单一

当前，很多高校体育教师由于受到过去传统落后的教育思想观念的影响和制约，在开展体育教学活动中，往往还存在教学方法比较单一的问题。在教学活动过程中，一些高校体育教师仍然停留在以传授体育技术为主要教育目的的方法上，一般表现为继承讲解、示范、练习等传统落后的教学方法。这样的教学效果可想而知。必须进一步转变教育思想观念，继承和发扬传统体育教育的长处，不断创新体育教学的方式方法，更好地为开展好体育教学服务，促进学生身心的全面健康发展。

2. 传统教学思想严重影响当前体育教学方法的革新

传统的体育教学方法是教育者有目的、有计划、有组织地对受教育者施加的各方面的影响，以期改变受教育者的心理和生理现状，使教育者达到预期教育目的的活动。这种传统的体育教学观念往往只注重强调教育者的主体作用，忽视了受教育者的主观能动性的发挥。在推行素质教育和创新教育的今天，传统教学方法已经严重阻碍当前体育教学改革的发展。在传统的教学思想的禁锢下，学生在体育教学活动中一直处于被动、消极、受压制的地位，许多学生已经对体育课产生消极情绪。因此，应改革体育教学方法，使学生课内与课外一样生气勃勃、积极主动。

3. 忽视学生主体作用的发挥

当前，很多教学以教师、课堂、教材为中心，强调严密组织、严格纪律，重视教师的“主”作用，没有考虑学生学习的主体作用。在真正的学习过程中，学生是主体，教学的主要目的是让学生通过教学有所获得，所有教学方法与形式的选择都应该为这个目标而服务，所以在尊重教师作为掌握整个教学进程的主体作用的同时，更要尊重学习主体，学习主体的实际需要与个体差异是教师教学的依据，只有这样，才能使教学有章可循。

（二）体育教学方法改革的目的

众所周知，在高校体育改革中教学改革是重点。改革体育教学方法，加强学生获取知识的能力和对学生创新精神的培养，是深化体育教学改革的重要内容，对提高办学效益，保证体育教学质量的提高，具有重要的现实意义。1982 年 8 月，邓小平同志在视察北京景山学校时指出：“教育要面向现代化，面向世界，面向未来。”深刻地阐明了我国社会主义教育的战略目标。当前，从整体上和社会发展的观点来看，高等体育教育面临的将是信息化的社会和知识经济的社会，国力的强弱越来越取决于劳动者的素质，取决于各类人才的数量和质量，这对于培养和造就我国社会主义建设急需的一代新人提出了更迫切的要求。体育教学方法改革的目的在于适应时代发展的需要。改革的目标是培养有知识、有能力、社会认可程度高、全面发展的人才。

（三）体育教学方法改革的措施

1. 更新教育思想和教育观念

深入开展体育教学方法的改革，必须进一步更新教育思想和教育观念。高等学校体育教育必须树立全面加强素质教育，树立终身体育思想，增强质量意识等现代教育思想和教育理念。充分认识体育教学方法改革在整个教育教学改革中的地位和作用，把以教师为中心、以课本为中心的传统教学观念转变为以学生为中心、以学习为中心的现代教学理念；把重知识传授、轻能力培养的观念转变为既重视传授知识，又重视能力的培养，更重视素质教育的观念。在提高认识、转变观念的基础上，把体育教学方法的改革不断引向深入。

2. 实现新型教学模式的创新

创建以学生为主体的新颖教学方法是当前高校教学改革的主要目标之一，是改变传统的教学模式，建构一种既能发挥教师的主导作用又能充分体现学生认知主体作用的新型教学模式。在这种新的教学模式下，教师是教学活动的指导者和组织者；学生是知识的主动发现者和探究者；教学过程以学生的意义构建为核心，通过建立教学情境，师生之间、学生之间的讨论、协作，与理论紧密结合的实践，使学生能够发现知识、理解知识，并通过意义构建形成自己的知识结构。新型体育教学模式就是在先进的体育教学思想和教学理论指导下建立起来的适应各种类型教学活动的基本结构和框架。随着这些新的教学模式的出现，有的趋向于各种模式的综合运用，有的趋向于师生关系的建立，有的趋向于教学内容，有的趋向于技能学习与学生心理发展。实现学生从被动学习到主动学习，从生理改造到终身体育意识的培养，从能够学习到学习水平的提高，都是新的教学模式下教学方法的创新成果。

3. 改革体育教学的内容

体育教学内容是指为实现体育教学目标而选用的体育卫生保健基本知识和各种运动动作，是实现体育教学目标的根本保证。方法是内容的运动形式，体育教学方法依体育教学内容而存在，它的选择和运用受体育教学内容的制约。首先，体育教学内容的形态制约着体育教学方法的选择。其次，体育教学内容的复杂程度制约着体育教学方法的选择。在一定的教学条件下，体育教学内容过多，会造成体育教学方法的单一性，而将教学内容减少或压缩一些，就会促进体育教学方法选择的多样化。所以在体育教学过程中，教师只有独立地对体育教学内容进行重新加工，真正掌握其特点，并把它们转化为自己的知识体系，才能在体育教学方法上获得选择与创新的自主权。

4. 重课堂，优化教、学、练

体育教学方法的优化，不仅在于体育教师“教”的优化，更应包括学生“学”“练”的优化。教学家陶行知先生认为“好的先生不是教书，不是教学生，乃是教学生学”，“教”应该着眼于学生的学和练，优化教育教学过程应该突出学练法的研究。体育教法是教师依据体育教学目标，根据体育教学内容，向学生发送信息，传授体育知识、技术、技能的方式方法；而学法就是学习体育的基本规律、基本方法。因此，优化教育教学方法应该从两个层面入手：第一，要通过教学方法的优化使学生“要学”；第二，要通过体育教学方法的优化使学生“会学”。体育教学过程中教师既要注意学习认识规律、身心发展规律、运用技能形成规律的渗透，还要及时对学练方法加以优化，努力改进教学质量，以适应学生掌握和运用学练法。一切教法都要力求使学生会看、会做、会说、会练等。当教师的教学方法着眼于学生的学与练，引导学生达到先是“要学”，继而“会学”的境界时，“外因通过内因起作用”。只有学生产生了兴趣，掌握了练法，体育教学的实施才能产生预期的效果。

5. 积极培养学生的创新意识

积极培养学生的创新意识，是创新体育教学方法的重要策略之一。首先，要创新思想认识。坚持发展娱乐体育与健身体育的有机结合，这是转变高校体育教育思想观念的具体体现，更是当前体育教学的根本任务。其次，要创新教学内容。教师应当结合实际选择一些符合学生身心健康发展、深受学生喜爱的体育项目内容开展具体教学活动。这样就可以切实改变体育教学内容枯燥乏味的不足。最后，要创新教学方法。教师可以结合学生的需要，采用启发教学方式以达到引导学生自己动脑、动手思考和解决问题，进而不断激发和调动学生的积极主动性；可以运用发现式教学方法，不断培养学生发现问题、思考问题、分析问题的能力；也可以运用学导教学方法，促使学生积极自主地进行学习，从而培养学生自觉性、主动性，不断养成学生自我锻炼、终身锻炼的行为与习惯。

6. 把握体育教学方法的整体性

体育教学方法的优化，不能局限于就教学方法来研究教学方法，而应用系统考虑构成体育教学方法体系中的各种因素以及它们之间的内在联系。首先，要把体育教学方法作为整个体育教学系统中一个重要因素，在体育教学过程诸要素之间考察其作用与效果。事实上，体育教学方法总是和具体的教学内容相联系并与一定组织形式相结合的。其次，要把具体的方法作为一个要素来进行研究，力求各要素的最佳组合。实现体育教学过程最优化，并不是将传统的体育教学方法摒弃，而是在提高质量的同时，使它们在具体的教学情境中实现最佳的组合。体育教学的特点决定了体育教学方法的多样性，它们各自的优劣只是一个相对的概念，所谓“好的教学方法”，实为“最适当的教学方法”，是相对具体的目标而言的。如“手把手”的教学方式用来使学生体会某些技术要领，获得“运动感受性试验”是行之有效的，但并不适用于所有技术。现代化的直观教具如电影、电视、幻灯等的运用大大丰富了直观教学手段，但也在一定程度上影响了学生抽象思维的发展。可见每种教学方法都有其优越性和局限性。要根据各种教学方法的相互联系和辩证关系取长补短，相辅相成。发挥体育教学方法本身的整体综合效应。现代信息技术在体育教学中的应用，不仅为老师提供了新的教学方法，同时也为老师和学生营造了很好的交流平台，让教学更自然地延伸和发挥其应有的效果。根据具体情况认真研究课程建设、改革教学方法，从而营造一个现代化的教学环境是现代教育改革的必然要求。

四、完善体育教学评价体系

体育教学评价具有对体育教学活动及其效果进行判断，通过信息反馈及时调控教学过程，保证教学活动朝向和达到预定目标的功能。目前，高校体育课程的改革已成为高校体育教师论及的热点问题。其中，注重让学生体验运动乐趣和发展学生主动性的体育教学模式，正在被许多高校推广。但是，由于教学评价在我国起步较晚，不论是理论研究还是实践操作，都还处在一个不断发展的时期，作为教学评价的一个分支，体育教学评价工作开始更晚，许多方面还仍处在探索之中。由于与新的体育教学模式相配套的体育教学评价体系还没有及时推出，仍采用旧的体育教学评价体系评价新的体育教学模式。因此，推出新的体育教学评价体系是当前急需解决的问题。

（一）传统体育教学评价分析

传统的体育教学评价方法，采用运动项目测试的成绩给学生评分，这种方法是描述学生的个体水平及其在群体中所处的位置，对学生进行排名次，不能客观地反映学生学习的前后变化，作为体育教学效果评价不够合理。用什么样的评价方法来描述学生个体在学习过程中的变化程度，从而更合理地为学生评分，笔者认为这是研究体育教学评价的目的。

1. 体育教学目标认识的误区影响着体育教学评价的方向

体育教学目标影响着体育教学评价方向。关于体育教学目标的确立，一直存在着不同的观点：在学校体育目标与体育教学目标的异同上，在体育教学中增强体质与提高健康水平的互相联系上，在提高运动技能水平与掌握锻炼身体的方法上，在提高运动技术技能与掌握手段的互相关系上，在对终身体育意识和体育能力的认识上，甚至在教师主导作用上都存在一些误区。由于体育教学目标的内涵不明确，层次模糊，使课堂教学任务的确定、教学内容的选择、教学方法的应用都受到影响。这种体育教学目标认识的不一致，必然会在教学评价体系的具体指标中反映出来，并对体育教学的方向产生一定影响。

2. 注重评价指标定量化导致评价结果的片面性

注重量化，强调可操作性、可比性，是体育教学评价的一种倾向。人们认为量化的东西比较客观，便于操作，其结果的可比性也很强，因此热衷于对评价指标进行定量分析，往往忽略了对评价目的和评价理论的深入研究和认真分析，这种片面性主要表现在评价指标体系总是以能直接量化的因素为主体，如学生的技评与达标成绩，学生的达标比例，上课时学生的密度、强度、运动量曲线等，然后将不易量化的教学行为采取分级量化的形式，对优秀、良好、及格、达标、不达标等级给予相应的分数，而那些在体育教学中很有意义，但很难量化的因素却被忽略了。如学生正确的体育态度的形成、情感意识的发展、终身体育意识的树立、体育能力的自我超越等，都是体育教学目标的重要因素，应该作为体育教学评价的重要内容，大多在评价体系中没有体现。显然，这样的指标评价体系是不完整的，评价结果也是片面的。

3. 结果的功利性影响评价结论的客观性

运用客观标准对体育教学进行检查，并通过认真分析和评判，得出结论，然后进行信息反馈，以进一步改善教学，这是体育教学的出发点和落脚点。教师自己主动评价时，这种指导思想容易得到体现，一旦评价的结果同教师评优、晋职等联系起来，就蒙上了功利性色彩，得出的评价结论往往会变得复杂起来，评价者可能就会考虑各种与评价无关的因素，只肯定成绩，对改进教学的意见却闪烁其词，避而不谈，使评价结论失去了公正性，不能客观地反映评价的真实情况，体育教学评价就失去了它应有的价值。

（二）高校新的体育教学评价与传统体育教学评价的区别

1. 评价的指标所体现的作用不同

传统体育教学评价的作用在于学生对总量掌握了多少；而新体育教学评价除了具有传统体育教学评价的功能外，还包含学生完成目标的情况。

2. 评价对象的影响范围不同

传统体育教学评价对部分学生的影响是消极的，有的学生“不努力都行”，而有的学生“怎么努力都不行”。而新体育教学评价要求所有学生都要确立目标，影响范围广，是积极的“只要努力就行”。

3. 由终结评价向过程评价转化

传统体育教学评价定位于教学内容结束时的最后评分，而新体育教学评价考虑的是起始目标到终极目标的变化程度，是过程目标和终极目标的结合。

（1）评价从重结果向重过程转化。目标评价的目的是通过评价教学过程，从而达到督促和鼓励学生学习，修正和改进教师教学方案的作用，发挥反馈功能。

（2）评价内容从单一向多元转化。影响体育教学评价的因素是多方面的，它是对学生学习效果的多因素评价。

（3）评价方法从定量到定量与定性相结合转化。体育教学评价包含着学生的情感态度等非智力和非体力因素的结合，定性分析纳入评价的内容，量化指标的重要性相对降低。

（三）新的体育教学模式与传统体育教学评价间存在的问题以及解决的方法

1. 主要问题

新的体育教学模式与传统体育教学评价标准间所存在的主要问题，将会导致学生所学的项目与所考的项目不一致，致使学生不重视学习过程，容易挫伤学生的学习积极性和主动性。

2. 解决方法

（1）给学生一个较大的选择空间。不论学生在每学期选择什么专项，除了进行专项内容的考试外，还应对几个规定的项目进行考试，他们就会自觉地去练习要考试的项目。这样可促使学生养成自觉锻炼的好习惯，从而为学生从事终身体育锻炼打下良好的基础。

（2）给体育教师一个较大的评价空间。每个学生在体育基础、体质状况等方面都存在差异，体育教师在上课时要摸清每个学生的实际情况，对学生评价因人而异，根据他们上课的态度、进步情况、成绩差异等进行综合评价。从另一个角度说，体育教师得到了一个宽松的上课环境，可以对那些少数认为自己体育成绩可以轻松过关而又不好好上课的学生，给予适当的减分，而对那些体育基础虽然较差，但认真上课的学生，给予适当加分，这样对学生的评价就比较合理和公平。

（3）给学生自我客观评价的机会。我国现行的评价标准都是由教师完成的，体育学科应该尝试采取学生自我评价的形式，让学生自己做一个较全面的回顾，然后对自己的体育学习进行小结，这样对学生今后的体育学习态度和学习热情十分有利。

当然，学生自我评价前，教师首先要给学生强调自我评价的客观性，如果发现学生自我评价有较大的水分时，体育教师要参与其中，帮助学生端正态度，给自己的体育学习一个客观的自我评价。

（4）引导学生互评。教师对学生的了解，往往不如学生之间的了解。采用学生互评方式，可使评价的真实性更高，同时学生互评能够避免学生自我评价的较大水分。因此，将学生互评与学生自我评价、教师评价结合起来，对学生的学习评价更客观、更全面、更立体。

（5）引入相对评价。教育部于2002年颁布的《全国普通高等学校体育课程教学指导纲要》规定，要把“学生的进步幅度纳入评价内容”。如学生在此学期开学时的体育成绩较差，经过一段时间的努力后，成绩有了很大的进步，但仍未达到现行的体育评价标准中的合格标准，这时体育教师就可以根据相对评价的原则对这部分学生进行正确的评价。

（6）将评价的标准区间值增大。我国现行的体育教学评价标准把分值划分得很细，这样容易使学生只注重体育评价的结果，而不注重体育锻炼的过程，使学生产生急功近利的思想。在国外一些著名高校的教育体系中，所有的学科成绩评价均采用A、B、C、D、E 5个档次。笔者认为，可以将这种方法借鉴到我国的体育教学评价中来，把国外的这个标准换算成我国的百分制，20分作为一个等级，制定评价标准时可以实行这样的分级制度，把学生引导到注重体育锻炼的过程中来。

第三节　体育教学现状的分析和创新设想

一、体育教学现状的分析

（一）忽视体育科学传授

当前高校的体育理论教材不仅比重偏小，而且内容粗糙，缺乏实效性、针对性和长远性，实用价值不高，未形成一个适应现代发展的大学生体育理论知识体系及相应的教育检查和评定措施。学生对自己的体育技术技能知其然而不知其所以然，不清楚自己是否需要这些练习，故而难以在课后进行自觉锻炼。

（二）体育教学目标狭窄

高校体育与社会体育断层，缺乏连续性和统一性。两者之间尚未开辟出教育通道，过分注重学生的现实锻炼，盲目追求体育教育的近期达标效益，片面地将增强学生体质的教育目标归结为增强在校期间学生的体质，缺乏培养学生从事体育活动的兴趣爱好、终身参加体育锻炼的习惯和独立进行身体锻炼的能力。

（三）教材杂乱而不精

教材的选择应过多地从运动技术角度考虑，过多地强调传授以运动技能为中心的教学，偏重运动外在表现形式，大多活动项目缺乏终身受益内容，远远不能适应大学生成年后的运动要求。由于缺乏一定的终身健身运动项目，不少大学生从学校毕业后体育生活也随即停止。一个大学生接受了十几年的体育教育，在他走上工作岗位后，直接与体育分别，这与体育教学忽视培养学生健身意识、能力和习惯有直接关系。

上述情况说明，在体育教学中盲目地把运动技术传授抬到至高无上的地位，忽视了学生身心发展的特点和个体差异，把许多难度高、技术复杂的竞技运动项目原封不动地搬到体育教学中来，并统一教学要求与考核标准，而采用的教学方法与教学步骤又是专业院校专项教学方法的浓缩，致使学生望而生畏，难以掌握技术，甚至会产生厌学情绪。

二、创新体育教学现状的设想

（一）树立全新教学观念

明确体育教学在当前形式下的重要职责，坚定地树立起崭新的体育教学观念。

（1）体育教学是培养21世纪人才必不可少的教育环节，高校育人的目标不单是向学生传授科学文化知识，更需要注重学生德、智、体综合素质的培养。

（2）着眼于未来新时代的新要求，以终身体育锻炼取代传统的课堂体育教学观念，着重培养学生的终身健身理念。

（二）加强基础理论知识学习

高校学生应不断提高认识与学识修养，具备不断发展的能力以适应新变化的出现，具有从缺憾向完美阶段前进的潜能。因此在设置体育课程的具体内容时，应增加运动原理、强健体质以及人体、物理力学等理论知识，还要具有突出性、实效性、指导性、针对性与时代性，使学生能够在体育教学中终身受益。

（三）加强硬件设置建设与师资力量投入

体育场馆、运动器械与师资队伍的质量是培养高素质学生的必备条件，改善场馆设施是提高高校体育工作水平的当务之急。制约高校人才培养和高校体育改革的又一重要因素是学校师资队伍的质量，由于当前知识更新速度快，交叉学科和边缘学科发展迅速，所以只有适应高速发展的高素质教师才能培养出高素质的学生。因此，应该加强教师之间的学术交流活动，定期派遣教师到先进学校进行学习，以提高教师教学的水平与能力，并鼓励体育教师积极参与相关的科研活动。

（四）将“终身化”作为体育教学的宗旨

社会的发展需要终身化体育，同时这也是人们工作、生活的基础性需要。从体育教学的实际情况以及全民身体素质的实际情况出发，适当增加体育课时，延长体育教学年限势在必行。在大学体育教育阶段进行全程体育课程教学，并贯穿于四年大学教育的全过程当中，以此提高学生主动健身的意识，使学生认识到终身健身锻炼的重要性，从而保证学生在毕业后依然能够熟练运用两种以上的锻炼方法和手段，真正实现体育锻炼终身化。

第四节　体育教学环境的设计与实施

一、体育教学环境的构成因素

（一）体育教学环境的物质环境

高校体育物质环境是指体育场馆、体育器材等。良好的物质环境是保证体育教学和体育活动开展的重要物质条件，更是实现体育教学目标，提高学生健康水平的重要物质支持。高校漂亮、宏伟、造型各异的体育场馆，是激发学生体育兴趣，坚持参与体育锻炼的动力之一。

（二）体育教学环境的制度环境

作为约束和强化实践活动的组织内容，高校的体育制度是保证学生锻炼时间、提升体育开展约束力的重要内容。当前高校的体育制度主要指学校体育工作条例等，各个学校制定适合学校体育活动开展的制度，也是保证体育教学开展的重要依据。灵活、严谨的制度环境是提升高校体育环境建设质量的重要保证。

（三）体育教学环境的舆论环境

良好的体育舆论导向能够有效地发挥体育先进人物、先进事迹的激励作用，提高大学生从事体育锻炼的积极性。在更高的层次上，提高大学生对体育的认识、体育习惯的养成、参与体育锻炼的动力等。体育舆论环境是实现大学生从被动接受体育转变成主动参与锻炼的条件。

（四）体育教学环境的心理环境

体育教学的心理环境是体育教学中无形的、动态的软环境部分，主要包括班风与校风、学校体育的传统与风气、体育课堂常规、体育教学中的人际关系等。体育教学中的人际关系主要是体育教师与学生的关系和学生与学生之间的关系。

二、体育教学环境的设计

体育教学环境对体育教学活动至关重要，体育教学环境在体育教学活动中处于至关重要的地位。良性的体育教学环境对体育教学活动起着积极的作用，这种积极的影响作用于体育教学目标的达成、教学内容的丰富、教学原则的落实和教学评价的完善。

（一）体育教学环境的现状

如今体育教学环境的现状并不理想。一方面是领导不重视，另一方面来自部分高校自身物质环境的劣势。许多学校没有体育馆、游泳馆，部分学校体育设施不健全，还有部分学校根本没有良好的体育传统，学校不重视体育场地的建设和维护。另外，很多高校师生之间的人际关系紧张，一半以上的学生觉得本校体育场地的布局不合理。在有体育馆的学校，对体育馆的建设和维护也存在多方面的弊端。总之，目前高校的体育教学环境远远达不到学生和社会的要求与期望，体育教学环境急需设计和优化。

（二）体育教学环境设计的原则

1. 教育性原则

高校是一个特殊的环境体，高校的作用在于净化身心，启迪知识。因此对体育教学环境的设计和优化要注意教育性原则，要有利于激发学生的体育思维，有利于提高学生的体育动机，有利于陶冶学生的体育情操。

2. 科学性原则

将体育教学环境的设计与优化从体育教学目标、体育教学内容的实际和特点出发，尽可能多地满足体育教学活动的各种需要；体育教学环境的设计与优化要符合学校美学、生态美学、建筑美学等基本要求。

3. 系统性原则

高校体育环境构建是促进教育优质化实施的措施之一，是高校体育部门的任务，也是高校多个部门相互支持的结果。从系统观的角度出发构建体育环境，首先要提升环境的系统意识，并以发展高等教育为目标，做好高校体育环境建设的资源开发和共享。其次要提升高校体育制度的有效性和适用性。最后要加强高校体育舆论宣传,促进学生参与体育锻炼的积极性,可以更好地带动高校体育环境氛围的建设。

4. 区别对待原则

体育教学环境的设计与优化要考虑不同年龄、不同性别、不同身体素质的学生身心发展的基本规律，同时要照顾大多数学生的需要，另外要特别关注部分特殊群体的需求和个性发展需要。

5. 人文性原则

人文性原则是体育教学环境的设计与优化要始终以学生为本。各种体育教学物质环境的设置不仅要体现对学生的人文关怀,考虑到学生的生命安全、卫生等,还要营造出和谐、充满人性、民主平等的氛围。

6. 实用性原则

所谓实用性是体育教学环境的设计与优化，是要根据各个高校的实际情况和实际经济条件,符合经济、高效、实用的宗旨。注重体育教学物质环境的因地制宜以及体育教学心理环境的独具特色,从而形成各个高校自身的特色。

三、体育教学环境的实施要素

（一）以学生发展为主，提升环境对兴趣的激发效果

首先，要充分利用高校体育课程的开展，提升高校体育环境的使用和改进空间，充分保证体育环境的建设进程。通过认真组织和实施体育课，保证学生掌握体育技能的有效性,不断提升学生的体育意识和体育观念。充分借助高校的文化优势,加强对新兴运动项目、新生体育明星的宣传，更好地激发大学生参与运动的激情，保证体育环境创新特点的延续。其次,要不断增强体育学习内容的新颖性和适用性,在促进学生体育技能、体育意识发展方面,构建体育教学的环境氛围。

（二）加强高校体育制度环境的创设，提升体育教学的规范化

在高校体育环境创建的过程中,要在遵守学校体育工作条例的基础上,制定适合高校体育环境形成的考核办法，加强对大学生运动会、课外社团、竞技比赛等管理制度的制定，从场地场馆使用制度，到运动员选拔制度，都按照一个良性的运作过程来提升制度环境创建的有效性。

（三）创建适合高校学生身心发展的体育环境

高校学生在接受体育教育的过程中,身体素质已经得到了一定的发展,如果对于

一些所谓的“优秀课程”不假思索地照搬，结果就很有可能造成学生对体育课的敷衍了事。因此，只有选择合适的体育教学内容，才能够使学生真正爱上体育课。

（四）充分利用高校的体育教学物质环境

充分利用好学校已有的各种有利的环境条件，创设具有特色的学校体育教学环境。在体育教学环境的设计与优化中，各个高校要充分挖掘，精心设计、开创和突出各自的体育教学特色，合理地变通，将不利的体育教学环境转化为有利的体育教学环境。

（五）加强体育课堂教学管理，营造宽松、和谐、民主的体育课堂氛围

从基本的规范强化课堂的教学管理，同时发挥骨干的作用，帮助学生进行自我管理，提高学生在体育教学活动中的自我约束能力。培养学生主动参与体育学习的态度和习惯，让学生能够主动参与到体育教学活动中，注重课堂教学活动中的人际情感交流，形成教师与学生互相激励、互相鼓舞的良好情感氛围。

第五节　体育教学模式发展趋势研究

学校体育是国民体育的战略重点，这是我国体育理论界早已达成的共识。高校体育是学校体育的最后一环，与社会体育紧密相连，其教育效果与整体发展水平对我国正在实施的全民健身计划起着举足轻重的作用，因而应站在历史的高度，以战略的眼光来认识高校体育教育改革的重要性和迫切性。教育改革应以教学改革为核心，而教学改革的核心则是课程设置和教学内容的选择。笔者在本节中把高校体育的目的任务定位于健康教育与终身体育意识的培养和发展上，并以此为基点，力图构建一个理论依据充分性、实效性和可操作性较强的体育教学课程模式，并对这一课程模式的整体运行机制做初步探讨。

教学模式是按照一定原理设计的一种具有相应结构和功能的教学活动组合或策略，它既是教育系统和教学过程的具体化和实践化，又是教学形式和教学方法的综合载体。

一、构建体育教学新模式的对策分析

（一）构建普通体育教学新模式的分析

构建一个完整的体育教学模式包括教学思想、教学目标、教学结构和教学方法等诸多方面，因此改革体育教学模式，实质上就是对体育教学过程的重新整合，其结构是否合理主要看教学的组织形式和方法是否适应学生的实际需要，是否最大限度地实现教学目

标。目前普通体育教学模式存在以下两个问题：一方面众多体育教学思想一齐涌入体育课堂；另一方面高校体育为体现有别于传统的教学思想，在教学中尽可能多地包罗万象，造成体育教学主题分散、华而不实、负担过重。目前高校广为采用以班为群体的形式，虽然整齐划一，秩序井然，便于教学管理，却不易于对大学生的个体差异、兴趣爱好、掌握技术的能力等进行卓有成效的教育与培养，这显然不利于教学目标的实现。

（二）构建体育教学新模式的对策

（1）明确体育教学应遵循和坚持的指导思想。

（2）依据指导思想，改革体育教学内容与教材。

（3）改革体育教学班的组成方式，让学生在不同的学段选择参加不同项目组合的教学班。

（4）改进教学方法。当前，应着重研究如何根据多样化的课程内容和针对不同的教学对象采用有效的教学方法。

二、适应素质教育要求，构建新的体育教学模式

从以上几种模式可以看出，教学模式越来越重视发展能力，重视学生的主导地位，各种教学模式互相借鉴、共同发展。要充分发挥教学模式的作用，优化教学结构，必须树立正确的体育教学观念。

（一）树立全面育人的体育教学观念

体育教学应当从培养跨世纪的德、智、体全面发展的高素质人才出发，给予大学生全方位的教育，即体育教育、健康教育、竞技教育、生活教育和娱乐教育等。

（二）树立主动体育的体育教学观念

在体育教学中，既要充分发挥教师的主导作用，又要注意发挥学生的主体作用，努力调动学生学习体育和锻炼身体的主动性和积极性，由此激发学生对体育的兴趣，让学生主动、自觉地体验体育学习的乐趣，从而促进学生身心健康发展，培养学生终身从事体育锻炼的习惯。

（三）树立三维综合评价的体育教学观念

在评价体育教学效果时，不能仅仅以提高生理机能为标准，追求生物学改造的效果，而应该从生物、心理和社会三维的角度来综合评价体育教学的效果。三维体育的教学观，反映了体育教学是一个多功能、多目标的动态系统，它通过大量的体育教学实践取得效果。

三、新的体育教学模式的设计

（一）第一学年：基础课

以全面锻炼和提高身体素质为主，通过体育基本知识的传授和基本技能的培养来实现高校体育的目标。可根据具体的场地器材等条件，充分发挥教师的主导作用和能动作用，使学生身体素质和身体技能得到全面发展，为参加第二学年的选项打下坚实基础。考核时，以全面的素质指标和技能指标为主。

（二）第二学年：选项课

根据学校场地、器材和师资等情况，按项目开设若干个选修班，由学生根据自己的特长和兴趣，选择对应的项目和教师。在具体的实施过程中，每个项目根据学生掌握技术的情况可分为初、中、高级班，既可满足学生初选，又可满足学生再选。体育特长生可根据项目编入高级班。考核时，以技能指标为主，结合一定比例的素质指标。

（三）第三、四学年：俱乐部协会制

俱乐部教学模式使高校体育与社会体育接轨，它在树立学生终身体育思想和培养终身体育习惯方面的作用是其他教学模式难以替代的。可集中开设一些项目，以学生自我锻炼为主，开展有偿性教学。这不仅有利于增强大学生的体育意识，培养其经常锻炼身体的习惯，也有利于把对大学生的体育教学过程贯穿于高等教育的全过程，从而保持体育教学与课外活动的统一性和连贯性。

四、新的体育教学模式构建的依据

（一）新时期对传统体育教学模式变革的需要

新的《全国普通高等学校体育课程教学指导纲要》要求“把健康第一的指导思想作为确定教学内容的基本出发点，同时重视教学内容的体育文化含量”。面对新时期社会、经济、文化的快速发展，学生在学校所学的知识很可能在离校不久便过时了。因此体育教学应该使学生了解终身学习的重要性，培养学生终身学习的习惯和技能，使其走向社会后能够成为终身学习的实践者。

（二）新时期对体育教学改革的要求

体育教学改革必须要做到体育的终身化、民主化、多样化和个性化。体育的终身化就是打破学校体育的原有空间和时间的限制，把体育扩展到社会和人生的每个阶段。体育的民主化就是打破不平等、不民主，改变以教师为中心，学生被动服从的教

学关系。体育的多样化就是在体育教学中采取多种教学方法，提倡师生之间、学生与学生之间的多边互动活动，努力提高学生参与的积极性，最大限度地发挥学生的创造性。体育的个性化就是在体育教学中每个学生所显示的各种不同的运动本能、素质、价值取向、集体荣誉等。

（三）新时期为高校体育改革提供了条件

高校体育自改革开放以来便取得了令人瞩目的成就，主要集中体现为四大优势：一是人才优势；二是信息优势；三是物资优势；四是地位优势。这四大优势说明，体育教学模式的改革具有坚实的基础。

（四）高校学生对体育教学模式的选择需要

笔者曾对湖北经济学院、武汉大学、华中科技大学、武汉工程大学、湖北大学等院校 750 名高校学生就“你喜欢的体育教学模式”进行问卷调查，结果选择以全面发展身体素质为主的“基础课”37 人，占 4.9%；选择与社会接轨的“俱乐部”协会制 156 人，占 20.8%；选择以兴趣爱好为主、能够自由选择教师的“选项课”185 人，占 24.7%；选择一年级“基础课”，二年级“选项课”，三、四年级“俱乐部”协会制 372 人，占 49.6%。调查结果表明，第一学年“基础课”，第二学年“选项课”，第三、四学年“俱乐部”协会制是最受高校学生喜爱的教学模式。

五、体育教学模式的发展趋势研究

体育教学模式是体育教学活动赖以开展的必要条件，但体育教学模式并不是一成不变的，必须明确是由内容决定形式，而绝不是由形式决定内容。

（一）体育教学模式的开放化

目前，全国各大高校体育课教学模式不尽相同，各校根据校情不同会采用不同的适合自己的体育课教学模式，但大的改革方向还是一致的，都是朝开放式、更加符合当代大学生心理和生理特点发展的方向进行。开放式体育教学模式是今后一个发展趋势，特别是随着社会的发展和进步，电子产业和信息技术迅猛发展并直接介入体育教学活动，使输送信息的手段更加灵活和开放。

未来的高校体育将采用多种途径、多种方法、多种形式来满足学生的不同体育要求，向社会开放，向国际开放，体育课堂也将扩展到社会，逐步扩展到大自然。

（二）体育教学模式的多元化

随着学校教学由“应试教育”向素质教育的转轨，高校体育应从学校的“阶段体育”向“终身体育”转变，从片面的生物学评价或运动技术评价向综合性评价转变。体育价值观从单一的健身向健身、健心、娱乐等多元价值观改变，单一的体育教学模式无法满足多元的体育教学目标的需要，因此要从单一的教学模式向复合式、具有现代性和科学性的教学模式转变，并且多种教学模式相互渗透、互相依存将是未来体育教学的发展趋势。

第六节　体育教学改革的研究

伴随着我国改革开放的脚步，高校体育课程教学走过了40多年的风雨历程。站在科学发展观视角，回顾改革的历史，探讨改革的得失，分析目前的状况，寻求发展的策略，无论是对高校体育课程理论体系的建设，还是对推进教学改革实践的深化，都具有极其积极的意义。

一、体育教学中普遍存在的问题

（一）教学目标理论与实践不完全一致

现行的高校体育课程教学目标涵盖了“运动参与、运动技能、身体健康、心理健康、社会适应”五个领域的内容。从理论上看，它充分关注了学生的健康成长和人的全面发展，体现了“以人为本”的时代理念。但在实际操作过程中，由于教学内容、教学组织形式、学生个体水平不同，要通过有限的教学时间（144学时）完成五个领域的教学任务是极其困难的。加之近年来我国高等教育规模急剧扩张，给大多数学校带来的教师资源不足、体育场地设施短缺等问题，要全面达成教学目标事实上几乎不可能。

（二）教学效果测量与评价不科学

教学效果测量方法与评价标准的改革步履维艰，至今仍未走出“生物体育”的怪圈。测量与评价课堂教学效果的通行方法是监控学生的心率变化，无论什么类型的体育课，也不管课的教学内容、教学任务是什么，无一例外地是通过“摸脉”获取学生心率的变化情况，由此推断其生理负荷，进而评价教学效果。至于教学目标中运动参与态度、知识技能掌握、心理品质培养等方面的指标，或是因为课时计划（教案）中原本就没有设计具体的达成路径与措施，或是因为根本就没有切实可行的办法进行操作而不得不将其束之高阁。

（三）教师管理导向错位

现行的高等学校教师工作绩效评价与职称晋升制度中，学术论文的数量是衡量教师业务水平、决定其职称升迁的硬性指标。没有在学术期刊尤其是核心期刊上发表一定数量的论文，就无法在教师队伍中立足，至少是无法迈进精英队伍——高级职称的行列。面对关乎自身生存发展的选择，体育教师不得不放弃深入探求体育教学规律、不断提高教学水平的价值追求，而将大量的精力用于揣摩学术刊物的“口味”，研究与本职工作毫无实际关系的“纯理论”问题。撰写论文成了教师的第一要务，发表论文成为从事研究工作的唯一目的，致使大量教学改革的实际工作一直处于被动应付的境地。

二、体育教学改革的具体措施

根据教育部《大学体育教学基本要求》的精神，结合我国体育教学的现状，并借鉴成功的国际体育教学经验，我国体育教学改革应从教学大纲、教学模式、课程设置、教学评估以及师资队伍建设五个方面入手：

（一）制定有本校特色的教学大纲

各高校应根据本校学生的特点，结合本校的办学特色和人才培养方向，参照全国统一的教学大纲的要求，制定本校的科学化、系统化、个性化的体育教学大纲及具体实施方案和细则，指导本校的体育教学工作。

（二）转变教学思想，改革教学模式

当前大学体育教学应由传统的“以教师为中心”向“以学生为中心”转变，强调师生互动，发挥学生的主体作用和教师的主导作用，充分调动学生的学习积极性，使学生实现由要我学到我要学，进而达到我会学的根本性转变。在新的教学模式下，教师的角色理应发生革命性的转变，教师应由过去单纯的体育技术的传授者转变为教学内容的设计者、教学活动的组织者、教学过程的监控者、教学结果的检验者以及学生能力的培养者。改革教学模式时，应实施分层与分流教学、普修与专修教学相结合，课堂教学与课外体育锻炼相结合，大班上理论课与小班上技术课相结合，课堂教学与开放式自主教学相结合，传统教学与多媒体辅助教学相结合等多种方式。学生可在同年级、多种教材范围内自由选择上课。在考试方面，学校将通过进一步建立体育理论与实践试题库，以抽签形式确定考试内容，并对结果给予评价。在完成体育教学任务的同时，增加体育选修课程，为培养学生的终身体育意识提前打好基础。

（三）改革高校体育课程设置

从我国体育教学的实践不难发现，一方面，体育课的教学内容和学时不能满足学生兴趣和锻炼身体的需要，学生总是围绕达标、考试而进行学习锻炼，这在一定程度上抑制了学生的个性发展；另一方面，体育教学仍沿用传统的“运动训练法”和“普通教学法”，即通过教师的讲解示范、学生的模仿练习，最终达到应付达标和考试的目的。课程结构、教学内容与教学方法仍然停留在一种“大学名称、中学内容、小学组织”的模式中。由于长期以竞技体育知识为中心或过分强化了其知识、技能在体育教学内容中所占的比重，而导致学生竞技知识与健身能力之间的失衡。显然，这种重竞技知识、轻健身能力，重共性、轻个性的课程设置模式与素质教育的理论相背离，不利于现代社会创新人才的培养。因此高校体育课程的设置，在内容上要充分考虑学生的兴趣及其运动习惯的养成。在高校课程安排上应相应地减少体育必修课的比例，同时增大选修课的比例；应该加强课外体育锻炼的组织与实施，建立以健身为主要内容的新体系。体育的课程内容需要增加大量的休闲运动，尤其是终身体育的内容要不断地增大，使学生体会到运动的价值不仅在于提高运动技术水平，更重要的是要掌握健康运动的科学方法，为增进自身健康服务。增设学生喜爱的体育休闲项目，提高其参加体育活动的兴趣，激发其锻炼的动力，充分发挥学生的积极性和创造性。

（四）改革体育教学评估体系

教学评估是教学过程的一个重要环节。全面、客观、科学、准确的教学评估体系对于实现课程目标至关重要。它既是教师获取教学反馈信息、改进教学方法、提高教学质量的重要依据，又是学生调整学习策略、改进学习方法、提高学习效率的重要手段，还是教学管理者调整和制订教学计划、合理安排课时分配的重要参考依据。而传统“一刀切”的考核与评价方法，对考查学生的全面发展程度和各项身体素质的提高都有着很大的局限性。单一的成绩评定容易挫伤部分学生的学习积极性，不利于学生形成正确的现代体育意识和健身观。因此对学生体育成绩的考评应从以下三个方面进行：一是要注重学生学习过程的考查。学生学习和练习过程的质量在很大程度上决定了其结果的质量。因此，那种只重视结果而不注重过程的做法是不妥的。二是要重视发展个性的考评，以考促学。学生在身体条件、运动爱好和运动技能等方面的个体差异是客观存在的，应根据这些差异来确定目标和评价方法，并提出相应的教学建议，以确保绝大多数学生能完成学习目标，使之成为促进学生学习的动力。三是要重视对身体素质达标情况和体育理论知识学习水平等内容的考评。可以加强体育教学评价与考核方法的研究，使之符合素质教育的要求，同时，增强学生的体育意识，促进学生综合体育素质的提高和能力的培养。这种教学评估体系的转变将极大地调动学生学习体育的积极性，全面提高学生的身体素质和运动能力。

（五）提高体育教师队伍的整体素质

首先要从源头抓起，严把教师录用关。其次要加强对教师的培训，通过培训来提高他们的教学水平和教学技巧，使其学会如何有效激发学生的学习兴趣，如何鼓励学生全身心地投入学习活动，如何适当地纠正学生学习过程中出现的错误等。同时，通过培训使其掌握必要的教学理论和教学技能，使教师从单一的“技术型”向“复合素质型”转变，从而推动素质教育的成功进行。

三、体育教学改革的回顾

（一）教学指导思想与教学目标的探索阶段

1979 年，教育部、国家体委、卫生部、共青团中央联合召开新中国成立以来规模最大的一次全国体育卫生工作经验交流会，颁布了《高等学校体育工作暂行规定》。在“调整、改革、整顿、提高”方针的指引下，高校体育课程改革全面启动。1990 年 2 月，国务院批准发布实施的《学校体育工作条例》规定，“普通高等学校的一、二年级必须开设体育课。普通高等学校对三年级以上学生开设体育选修课”。同年 10 月，国家教委颁发了《大学生体育合格标准》和《大学生体育合格标准实施办法》。1991 年国家教委开展了对全国高校体育课程的评估。1992 年国家教委颁布了《全国普通高等学校体育课程教学指导纲要》，将体育课的教学目标确定为“通过科学的体育教学过程和体育锻炼过程，使学生增强体育意识，具有体育能力，并养成体育锻炼的习惯，受到良好的思想教育，成为体魄强健的社会主义事业的建设者和接班人”。

（二）教学内容与教学模式的改革阶段

1995 年 6 月 28 日国务院颁布了《全民健身计划纲要》。同年 8 月 29 日第八届全国人民代表大会常务委员会第十五次会议通过的《中华人民共和国体育法》第十七条规定：“教育行政部门和学校应当将体育作为学校教育的组成部分，培养德、智、体全面发展的人才。”随即国家体委又推出了《全民健身 121 工程》，要求学校“保证学生每天参加 1 次健身活动；每年组织学生开展 2 次远足野营活动；学生每年进行 1 次身体检查”。伴随着“121 工程”的不断推进，各种健身、娱乐体育内容走进学校体育课堂。1999 年 6 月，中共中央、国务院颁发了《关于深化教育改革全面推进素质教育的决定》，要求“学校教育要树立健康第一的指导思想”。同年 10 月教育部在江苏无锡召开了全国学校体育卫生工作经验交流会，要求认真落实“学校教育要树立健康第一的指导思想，切实加强体育工作”。随后出现的“俱乐部模式”“运动处方模式”“三自主模式”，开启了教学模式多样化发展的格局。

（三）教学理念与课程目标的创建阶段

2001年6月，国务院颁发的《关于基础教育改革与发展的决定》提出了“加快构建符合素质教育的要求的基础教育课程体系”的任务。2001年秋季开始，基础教育《体育与健康课程标准》在全国38个国家级实验区开始试行，2002年秋季实验范围进一步扩大到全国近500个县（区）。2002年8月教育部颁布了《全国普通高等学校体育课程教学指导纲要》（以下简称《纲要》）。《纲要》秉持以人为本、全面发展的教育理念，规定了由运动参与、运动技能、身体健康、心理健康、社会适应构成的课程目标。2006年12月，教育部、国家体育总局在北京召开了全国学校体育工作会议，颁发了《关于进一步加强学校体育工作，切实提高学生健康素质的意见》。同年，教育部、国家体育总局、共青团中央联合下发了《关于开展全国亿万学生阳光体育运动的通知》提出，力争用3~5年的时间，使85%以上的学校能全面实施《学生体质健康标准》，85%以上的学生能做到每天锻炼1小时，达到《学生体质健康标准》及格等级以上，掌握至少两项日常锻炼的体育技能，形成良好的体育锻炼习惯，体质健康水平切实得到提高。

为全面贯彻落实习近平总书记在全国教育大会上的重要讲话精神，进一步深化体育教学改革，更好地帮助学生在体育锻炼中“享受乐趣、增强体质、健全人格、锤炼意志”，2021年6月23日，教育部办公厅制定了《〈体育与健康〉教学改革指导纲要（试行）》。通过深化体育教学改革，转变教学观念，全面把握“教会、勤练、常赛”的内涵与要求，使其成为常态化、规范化、系统化的教学组织模式。打造高质量体育课堂，使学生在“知识、能力、行为、健康”诸方面得到全面提升。明确学生各学段特点与发展需求，使体育教学内容更加富有逻辑性、系统性和衔接性。根据各学段教学目标，合理选择多元化教学模式和多样化组织方式，因地制宜、因材施教，增强体育教学方式改革的有效性、可行性。采用科学、操作性强的发展性评价指标体系，让体育学业质量评价更加具体、客观，建立“以评价促发展”的新生态。优化组织管理，建立健全保障机制，形成教育行政部门、学校领导、教师与家长齐抓共管“以体育人”的新格局。探索建立学生体育学习过程管理长效机制，树立体育教学管理务实创新的新形象，全面促进体育教学改革。

四、体育教学改革的现状和趋势研究

为了适应社会对人才的需求，40 多年来，全国各高校在探讨体育教学目标、体育教学思想的基础上，对体育课程设置、教材内容、教学方法、体育教学的组织、教学的模式、教学的评价等方面进行了全面探索和改革。

（一）体育教学目标呈现多元化

体育教学目标的主要观点包括以下几种：①以改善健康状况，增强体质为主要目标；②以学习和掌握体育知识技能为主要目标；③以竞技教育，提高运动水平，为国家培养优秀运动员为主要目标；④以培养学生体育能力为主要目标；⑤以满足学生娱乐心理，享受体育乐趣为主要目标；⑥以奠定学生终身体育观念为主要目标；⑦以提高学生的心理素质和体育文化素养为主要目标；⑧以体育锻炼为手段，对学生进行思想品德教育，以培养优良品德为主要目标；⑨以身体练习为手段，促进学生身心发展，达到育人的目标；⑩以学生掌握锻炼身体的方法为主要目标。体育教学的诸多目标都是围绕着育人的总目标，在体育教学过程中，根据教学任务、教学内容、学生的实际和教学条件提出具体目标或者是阶段性目标。为了早日实现育人的总目标，教育者必须科学地选择教学内容，根据现有的教学条件，分阶段、分层次、合理地选用教学方法进行教学。

（二）体育教学指导思想多样化

40 多年来，我国体育教学思想呈现多样化和综合化，其主要观点包括以下几种：①全面教育的指导思想；②以体育教育为主的指导思想；③以培养学生运动能力为主的指导思想；④以快乐体育、娱乐体育为主的指导思想；⑤以终身体育为主的指导思想；⑥以竞技体育为主的指导思想；⑦以增强体质为主的指导思想；⑧以技能教学为主的指导思想；⑨以发展学生个性为主的指导思想。以上各项研究表明，体育教学思想随着社会发展，有越来越“泛化”的趋势，各种体育教学思想之间有着逻辑上的紧密联系，是围绕着两条相对稳定的主线（体质与运动能力），着眼于身心全面发展的。

（三）课程设置和体育教学内容的选择成为体育教学改革的核心

体育教学改革必须从改革课程设置和科学合理地选择教学内容为切入点。体育教学内容和课程设置的改革要以高等教育体育教学目标、现代体育发展的需要、学生的兴趣和爱好、场地设施为主要依据，确立以增强体质、促进身心全面发展为主的指导思想。在 20 世纪 80 年代初，随着我国改革开放的实施，许多高校在大学二年级相继开设专项课的设置，1992 年原国家教委颁发《全国普通高等学校体育教学指导纲要》，正式对普通高等学校体育课程设置做出了规定，即基础体育课、选项体育课、选修体育课、保健体育课 4 种类型。体育教学也从单一课型发展到多种课型并举，较好地克服了传统单一课型忽视受教育者的个性心理特征及主体作用的弊端。目前，体育教学内容和课程设置的模式为一年级以必修课为主，安排了提高身体素质、配以各类基本技术的教材体系，用以弥补中学体育教学的不足，完成中学至大学的合理衔接和过渡。二年级开设专项课，学生可选择课程、教师。开设选项课，以满足学生兴趣、爱好和选择的要求。三、四年级开设选修课，以休闲课和娱乐课为主，增加专业性的内容，采用“俱乐部”协会制。例如，地质院校增加了登山运动、负重行军等内容；商业院校增加了保龄球、台球等内容；形式多样、内容丰富的教材，不仅有健身、娱乐之功效，而且能够使学生适应毕业后的生活与工作。另外，又适当地增设体育理论知识课程，让学生明确学习目的，端正学习态度；了解人体发展和运动生理、卫生知识；掌握各项运动的知识和锻炼身体的方法。但在改革中也存在着一些共性问题。例如，教学目标宽泛、模糊，教材的选编、课程的设置还存在着较大的随意性；在教学内容的安排上，运动项目主要是解决手段问题，重视方法不够；运动的内容欠全面、重运动、轻养护。

（四）体育教学方法的改革正逐步向“启发学生主动学习”的方向发展

体育教学效果很大程度上取决于教学方法应用得科学与否。目前，体育教学方法的改革十分活跃，如主体式教学、发展式教学、自学式教学、启发式教学、快乐式教学，等等，从整体改革的思路来看，大都能体现“启发学生主动学习”的思想，这表明“以教师为中心”的传统观念正在发生转变。但在改革中，许多研究者没有清楚地认识到教学方法两重性的特点，即功能性和局限性。因为教学过程是一个结构复杂、多阶段、多因素的动态过程，教学有法、教无定法、贵在得法。教学必须要针对学生的实际情况，既有利于发挥教师的主导作用，又必须尊重学生的主体意识，周全地考虑教学方法运用的针对性、时效性、全面性。

（五）体育教学组织形式呈现多维性

体育教学的组织工作是否严密、合理，直接影响到其教学效果。有关研究表明，目前，大多数高校采用的是分组不轮换的教学组织形式，分组是根据“三向”交往的理论来进行（教师与学生之间；学生与学生之间；教师与学生、学生与学生之间的交往）。根据这一理论，目前主要有以下几种教学组织形式：一是散点式；二是“小群体”式；三是自然分组式；四是按运动能力分组（搭配式、分级式）；五是俱乐部组织形式。

总的来讲，体育教学的组织是多维的，上面叙述的是目前研究比较多的组织形式，各种组织形式都有其各自的特点，它们的共性在于能发挥学生的自主性、积极性，有利于发展学生的个性和创造性。但教学的组织形式受教学条件的制约，还有待于在更大范围内做更缜密的研究。

（六）体育教学模式具有针对性

体育教学模式的研究是当前体育教学论和体育教学改革的重要课题之一。近几年来，对体育教学模式的研究日趋活跃，这表明体育教学改革已开始进入综合研究阶段。目前，中国体育科学学会学校体育专业委员会提出了主体教学模式、成功教学模式、合作竞争教学模式。上面多种教学模式不是孤立存在着，各种不同类型的体育课，因其特性和要完成的任务不同，就需要有多种教学模式去适应。由此看来，教学模式既可以组合，又允许创造，但设计任何教学模式都必须以科学的理论为先导，并通过实验对比才能对它的合理性、可行性和可操作性进行评价。

（七）教学评价的双向性

教学评价是获得反馈信息的重要手段。目前，高校体育教师比较重视教学评价的研究，尤其重视师生的双向评价。通过教师评价学生的学习，使每个学生都能够从教学评价中得到新的目标和新的动机，通过学生评价教师的教学，促进教师科学安排和控制教学程序。但教学评价的研究多数停留在理论研究上，付诸实施的较少。

综上所述，当前体育教学改革表现出以下特征：①教学目标开始朝着“多目标”“多功能”的方向转移，既追求近期效益，更追求远景目标。②教学思想从“生物体育观”逐渐向由生物、心理、社会三方面因素构成的“三维体育观”转变，从而拓宽了它的健身、娱乐、竞技、文化、社会等方面的功能。③课程设置和教材建设已成为体育教学发展的核心动力。近年来围绕着课程设置、课程类型、课程内容、教学定位、教学大纲、教学模式和教学体系等内容进行了改革，课内外一体化已经形成。④教学方法的改革显得格外活跃，从规律性的思路看，大都能体现“启发学生主动学习”的思想，表明“以教师为中心”的传统体育教学正在逐步转变。⑤体育教学组织形式的改革是根据“三向”交往方式，由表浅向着深层次发展。⑥体育教学模式的研究已通过许多具有丰富内涵结构的研究模式表现出来，但目前这种教学改革实践滞后的现象依然比较普遍。⑦教学评价的研究从身心两方面效果考虑，采用定性和定量相结合的评价方法，在一定程度上可以适应现实的需要。

第四章 高校体育教学设计改革

第一节 体育教学设计的基本理论

对体育教学设计的要素内容及撰写规范进行归纳和分析，可以得出体育教学设计包括指导思想、教材分析、学情分析、教学流程、场地器材、安全防范和课时计划等7个要素，并对每个要素的撰写要求进行分析。

体育教学设计是体育教学工作的重要内容。高效的体育教学必然要求高质量的教学设计。但从当前的研究来看，一线体育教师的教学设计依然存在着一些问题，如基本要素不全、随意增减内容、撰写不规范、分析不深入、缺乏针对性等问题，反映了一线体育教师理论水平不高、教学设计能力不足的问题。本节在参考同类研究的基础上，深入分析体育教学设计的基本要素及各要素的撰写规范，以期为体育教师撰写规范的教学设计提供参考。

一、体育教学设计的概念

体育教学设计是指为了达成一节体育课预期的教学目标，运用系统观点和方法，遵循教学过程的基本规律，对教学活动进行系统规划的过程。体育教学设计直接指向的是课堂，是对体育课堂教学的整体构思与具体规划，体育教学设计与教学计划是具体落实与宏观规划的关系，与课时计划是上下位概念的关系。体育教学设计涉及从内容选择到方法的选用；从学情分析到练习方式的安排；从场地的布局到教学的流程等一系列内容，实际上是要通过分析阐明教什么、为什么教、如何教等一系列教学问题。

二、体育教学设计的基本要素

长期以来，我们对教学设计概念的认知不清，在全国第八次新课改后，许多“新理论”不断涌现，令人应接不暇。这直接导致了一线教师教学设计模式层出不穷，参差不齐，甚至在全国性比赛中都存在此类问题。但经过这些年的深入研究，体育教学设计基本要素基本固定下来，一般认为体育教学设计包括指导思想、教材分析、学情分析、教学流程、场地器材、安全防范和课时计划共7个要素。其中，前6个要素是从总体上对体育课的构思与分析，通常以文字形式呈现，课时计划则是教学设计最核心的组成部分，是课堂教学实践的直接依据，一般以表格形式呈现。

三、体育教学设计的基本要素分析

（一）指导思想

指导思想看起来虚无缥缈，与教学实际也没有密切的关系，但它却起着导航的作用，是开展体育教学活动的方向和依据。指导思想一般都会陈列在体育教学设计的首位。其撰写要求为站位高、引领强、有针对性。指导思想可分为宏观、中观和微观三个层次，如立德树人、全面发展等属于宏观层次的提法；课程标准、课程目标等属于中观层次的提法；运用有球练习提高学生的足球球感、运用丰富多彩的教学手段促进学生蹲踞式跳远技术的提高等属于微观层面的提法。

（二）教材分析

教材是教学的载体，如果离开了教材，教学就无从谈起。新课改要求将教教材改为用教材教，即要树立教材是为学生发展服务的理念。体育教学设计中的教材一般是指狭义的教材，即教学内容。教材分析要在全面了解所选教材的前提下，深入分析其特点、功能、技术要领、重难点、教学方法及一些关联性因素。务必要阐述清楚体育教学教的具体内容是什么，教的目的是什么，教的方法和手段是什么等等。凡是不对教材进行深入分析就开展教学便是随意教学、盲目教学，为学生发展服务更是无从谈起。因此，在撰写教材分析的时候要写全、写实、写透。

（三）学情分析

学生是课堂的中心，教学活动的出发点和落脚点都是围绕学生。只有准确了解了学生的情况，才能选择合适的教学内容，制定合理的教学目标，采取合理的教学方法和组织形式。学情分析包括学、情和析三个方面的内容。学是指学生的基本情况，如人数、性别、健康程度等；情是指学生学习的情况，包括课堂内和课堂外的情况；析是指分析，在把握学和情的基础上进行深入分析。换句话说，对学生基本情况的描述是必不可少的，但不能仅仅停留在阐述学生的年龄、性别、生理与心理特点、兴趣、爱好等，还应对与本节课密切关联的学生体能基础、技术基础、学法基础、锻炼习惯、学习态度等进行客观分析，从而实现描述和分析两个层面的叠加效应。因此，在进行学情分析时一定要与课堂挂起钩来，避免出现放之四海而皆准的学情分析“真理”。

（四）教学流程

顾名思义，教学流程是教学环节的流程，是指教与学成分环节的活动程序，通常是主教材的教学步骤。而教学流程最容易被误认为是课的流程，其主要原因在于对“教学”的概念把握不准。一节课中并不是所有的环节都属于教学环节，如课堂小结、放松活动、体能练习等就不具有教学性质，这些不是教学流程的内容。对于教学流程而言，只要在教学流程要素下讲明主教材教学的各环节安排及相互关系，就已经达到了最基本的要求。

（五）场地器材

场地器材是开展体育教学的物质保障，同时也是安全隐患的集中区。场地器材的基本要求为安全系数高、面积（数量）充足和布置合理。安全系数高主要是指场地器材结构牢固，无明显湿滑，不能出现因场地器材安全性不过关导致的伤害事故，如学生使用本已断裂的单杠时摔伤，准备活动慢跑时踩到水摔倒等。面积（数量）充足是指在实际条件允许的情况下，尽量给学生增加练习面积和设备，提高练习密度，巩固技术效果，如前滚翻练习时增加垫子数量，同时增加学生练习的次数。布置合理是指场地器材的布置要充分考虑教学内容、教学方法、学生特点以及教学环境等方面的要求，要让场地器材更好地为教学服务，为学生的发展服务。

（六）安全防范

安全防范是体育教学设计的重要内容，安全防范针对的是体育活动存在的一定概率的身体伤害隐患。良好的安全防范措施可以大幅度降低学生受到运动伤害的概率，同时也可以在体育伤害事故发生后教师被认定为主要责任人的现实情况下最大限度地保护教师。但实际上安全防范意识并没有在体育课堂上树立起来，在教学设计中也往往被虚无化。造成安全防范有需求却无落实，有提及但不具体，有要求而无操作的尴尬现实。在撰写安全防范时，要从教材到教学，从场地器材到组织，从生理到心理等多角度分析安全事故发生的可能性，并根据安全隐患的类型采取针对性、可操作性强的防范措施，要真正做到防患于未然，要让“注意安全”从口号变为实际，从“安全防范很重要”走向“安全防范很到位”。

（七）课时计划

课时计划亦称教案，是教学设计的最核心内容，是课堂教学实践最直接的依据。完整的课时计划应包括教学内容、教学目标、重难点、课的内容、师生活动、组织形式与要求、时间次数强度、练习密度、负荷预计、课后反思等内容。在撰写每一部分时，都需要做到明确、具体、科学、实际。不要出现“进一步提高学生蹲踞式跳远的技术”“初步掌握篮球肩上投篮动作”“通过本课学习，学生排球技术大幅度提高”等模糊表述，让课时计划真正回归其教学本质。

四、体育教学设计基本要素的应用性

体育教学设计的基本要素包括教学内容、教学对象、教学目标、教学过程、教学评价等，体育教学设计的基本要素既相互联系又相互制约。体育教学设计就是要根据教学目标、教学要求、教学过程、教学环节、教学评价等要素设计教学。在体育教学中，教学的整个过程都是围绕教学设计来完成的。现结合初中七年级“蹲踞式跳远”教材案例的应用要求，提出相应建议。通过这种应用性的研究使体育教学设计更加成熟，以达到进一步提高体育教学水平的目标。

（一）以学生为主体设计好教学内容要素

教学内容是教学的依据，是设计教学目标和教学过程等要素的依据。教学设计是对教学内容和教学过程的教学安排计划，是对教学过程整体的安排和实施方案。教学内容是体育教学设计的主要因素，要想保证体育课堂教学的有效性，就要设计好教学内容要素。我国的体育教学有统一的教学大纲和课程要求，教学内容有明确的规定，但由于教学对象的不同学生的个体差异等因素，在教学中对教学内容的安排和设计也有很大的差别。对教学内容要素的设计要根据不同的教学对象，遵循以学生为主体的教学原则，体现学生在教学中的主体地位。在教学过程中，它所起到的是方向性作用，为教师制定教学设计提供依据。但多少年来，体育教学很少去设计教学内容这个基本要素，总认为教学就是依据规定的教学内容去设计和安排教学，课堂教学环节和教学过程等体育元素才是教学设计最为重要的要素。在2011年教育部颁发的《义务教育阶段体育与健康课程标准》中强调了体育教学设计要素的重要性，指出体育教学设计要素：(1)始终以保持学生的身体和心理健康为教学目标；(2)教学过程应当有利于培养学生锻炼身体的兴趣和正确的身体锻炼方法；(3)课程要以学生为主体，注意激发他们的创造性。

体育教学内容设计要素是进行教学的依据，但并不是一成不变的，同一个教学内容应该根据不同的教学对象而有所变化，要体现以学生为中心的教学原则，教学对象是教学内容设计要素的出发点，根据教学内容的不同要进行不同的教学设计，对教学过程的安排既要从学生的学习实际出发，还要根据教学内容去设计体育教学元素。在进行“蹲踞式跳远”教学设计中，作为教师，我们一定要在教育部颁布的《义务教育阶段体育与健康课程标准》的指导下，以教学的实际情况确立多层次的教学指导思想：在教学目的上，我们应当以《义务教育阶段体育与健康课程标准》为参考依据，始终坚持把学生的身体健康放在第一位，将学生的实际身体状况与教学目标相结合，制定出符合实际的教学设计；从学生的发展上，要遵守《义务教育阶段体育与健康课程标准》的指导思想，在制定教学设计中突出学生的主体地位，增加学生主动练习的环节，充分激发学生的兴趣和积极性，从而培养出学生体育学习兴趣和主动获得知识的能力。

结合以上概念解析和案例应用，我们可以得出以下结论：首先要依据新教育理论，再结合我们体育课堂中实践和贯彻终身体育的总体要求，从“健康角度”和“学生发展”出发，履行新《体育与健康课程标准》要求的体育教学观，紧跟时代的节拍，以学生为中心，注重开发学生的主体性和创造性。

教学内容是其他教学设计要素的依据。教学对象的学情是教学设计的前提保障。教学内容和教学对象是制定体育设计的指导思想和出发点。学情分析主要是指对学生的起点状态分析以及潜在状态分析。学生的起点状态分析主要包括三个方面：知识维度（学生已掌握的知识基础）、技能维度（学生现有的学习能力）、素质维度（学生的学习习惯、学习态度和个人的意志品质）。学生的潜在状态分析主要是指学生将来有可能发生的状况以及趋势的分析，主要是在现有的基础上分析学生能够在知识与技能、过程和方法、情感态度价值观等达到什么样的高度。

具体到“蹲踞式跳远”教学设计当中，教师可以在多个方面进行充分的学情分析。首先在学生的身体特征方面，七年级的学生在身体上正处于急剧变化的时期，身体的外形以及各个系统器官都处于快速发展中，学生的身体具有极强的可塑性，体育运动和锻炼对学生身体的发展具有极大的促进作用。其次在学生的心理特征方面，按照埃里克森的心理发展八阶段论阐述，七年级的学生正处于角色的自我统一时期，在模仿、观察、逻辑分析、可逆运算等方面都有着很大的提高，他们接受知识和模仿技能的能力增强，很适合教授他们一些基本的体育运动知识和技能。但七年级的学生正处于青春期，会产生一些心理问题，主要表现在自我意识高涨与反抗心理。

结合以上概念解析和案例应用，我们可以得出以下结论：学情分析应该作为体育教学的前提，细致的学情分析是体育教学设计的重要保障。学情分析是动态的过程，既要重视课前备课时的学情分析，也要在课堂中对学生情绪变化做临时性的现场问诊，做出自己的判断，甚至课后对学情的反思也不能“过而了之”，应重视经验的总结和提炼。

（二）以教材分析为基础，把握好体育教学设计的关键因素

体育教学实际的关键性因素是教学目标与教学过程因素。教学目标主导了教学的方向，教学过程则决定了教学环节的安排。这些要素的设计在体育教学中是关键因素，同时也是教学设计因素的重点和难点。而要设计好关键因素，教师就要理解和把握教材，对教材内容进行分析和处理。教材分析指的是在教师进行教学之前，首先通过个人或者团体对教材进行充分研修，把握教材的理念框架以及系统性，理解每一节课教材中的各个知识点，对教材设计的思路进行整理并加以剖析，再针对体育课堂中应当展现的教学内容进行系统性、全方位的设计。教师的课堂教学设计是进行体育教学的首要环节，也是教学实践能否取得实效的关键性因素。

以《义务教育阶段体育与健康课程标准》为参考依据，教师可以从这样几个角度去分析"蹲踞式跳远"的相关教材。在整个教学内容的地位上，蹲踞式跳远可以说是义务教育阶段体育教学的一项基本教学内容，它在锻炼学生的腰部力量、腿部力量、身体平衡性、身体柔韧性等方面都起着巨大的作用。在通过多种形式的练习基础上，还能使下肢肌肉富有弹性，培养出学生积极进取的优良品质和获取成功的良好心态。

结合以上概念解析和案例应用，我们可以总结得出以下结论：在体育教学中，充分而全面的教材分析是整个体育教学设计的关键所在。分析教材时，首先要认真研读教材内容，再结合"教材定性"和"教学形式"，分析教材中的问题线索、教学逻辑、活动指向、目的关联等，教师需要依靠问题线索逐步探讨，才能让问题在课堂上得以解决。

1. 以分析教材为基础，设计好教学目标要素

教学目标是指教学活动预期要实现的结果，是教育目标和课程目标的具体化，也是教师完成课堂教学任务所要达到的要求及标准。教学目标相比课程目标更具体，是课程目标在具体的课堂教学过程中的体现。在体育课堂教学中，教师应当依照课程目标和具体的教学内容来制定详细的教学目标，以便选择教学内容和确定教学目标。

在"蹲踞式跳远"教学设计中，教师根据对教材和学情的分析，可以对七年级学生制定具体的教学目标，主要是让学生习得蹲踞式跳远的技能，掌握蹲踞式跳远的技术特点，使学生对蹲踞式跳远有一个理论上的认识，以正确的动作完成蹲踞式跳远。通过学生练习蹲踞式跳远，能够提高学生的肌肉系统、关节系统的平衡能力以及身体协调能力，提高学生的体质。通过蹲踞式跳远的练习，来树立学生的自尊、自信，

培养学生勇敢、坚毅和果断的意志品质。在教学过程中，教师要学会采用讲解法、示范法、练习法等多种教学方法相结合的途径进行系统的教学。

在教学中，对于同一教材，我们制定什么样的教学目标就决定了使用什么样的教学方法，目标设立的不同或者方法采用的不同，都可能导致课堂效果的不同。

2. 以重点和难点为标尺，设计好教学过程

教学重点是根据教学目标，在对教材进行科学分析的基础上确定的最基本、最核心的教学内容，一般是各个学科所阐释的最重要的原理和规律，是学科思想或学科特色的集中体现。教学难点是指学生通过学习仍然不能轻易掌握的知识和技能。重点和难点是两个不同的概念，两者有时会有交叉，有时又完全不一样。

具体到"蹲踞式跳远"教学设计当中，教师可以根据教材以及学生的特点，设计出当堂课的重点和难点。其中，教学重点主要是上板积极，起跳充分，摆臂、蹬腿迅速，腾空高，踞平稳，小腿前伸缓冲，落地稳。从教学难点上分析，是起跳、助跑、腾空和落地的衔接，把重点和难点做如此清晰的确定的主要原因，是由蹲踞式跳远的过程要领决定的，而掌握蹲踞式跳远这一过程则是这一堂课的重要教学目标。

结合以上概念解析和案例应用，我们可以得出以下结论：教学重难点是教学设计中的重要因素，是学生掌握教学内容的重要标尺。分析重点和难点时，首先要从教材基本性质出发，了解该教材的编写特点，再结合"学生的运动能力"和"技术的难易程度"，确立体育课堂中教材的重点和难点。

（三）以教学流程为平台，把握体育教学设计因素的应用

教学设计因素是相互区别又相互联系的设计要素，体育教学设计要素作为教学要素又是相互联系的有机整体。设计的目的是应用。应用好教学设计要素是教学效果的基本保证。教学流程实际上就是教学过程，教学流程主要包括导入环节、讲授环节、练习环节和巩固环节。

具体到"蹲踞式跳远"教学设计中，教师可以将教学过程设计成四个环节：导入环节，在课堂开始之前，教师可以让学生观看一些蹲踞式跳远的视频以及图片，让学生对蹲踞式跳远有一个最初的直观认识，激发学生的兴趣。讲授环节，教师主要是向学生讲授蹲踞式跳远的基本动作要领，通过亲身示范，直观地展示蹲踞式跳远的过程，让学生习得蹲踞式跳远的动作要领。练习环节，为了增加练习环节的趣味性，避免练习的枯燥，教师可以让学生做一些与蹲踞式跳远有关的小游戏，例如顶球游戏，教师可以将球置于高处，让学生慢跑中用头顶球，这样来练习学生的起跳和摆臂的动作。巩固环节，教师在练习过后对学生的练习情况进行总结，指出其优缺点，以此

巩固练习效果。

结合以上概念解析和案例应用，我们可以得出以下结论：教学流程关系着教学的实际操作，是教学设计中最为核心关键的环节。设计教学流程时，首先要准确地理解与把握好教材，再结合教材的“关系比重”和“教学重难点”，相应地进行合理的认定和安排。在教学中，教师对教材的理解越深刻，对教学内容的使用就会更趋于合理化。教学形式在教学重难点和教学目标等方面加大分析力度，流程的设计就会更具有逻辑性和层次性，明确这一点能让教学流程层次清楚、简明扼要、一目了然，教学效果也将事半功倍。

通过前面几个基本要素的分析与铺垫，最后再制定出翔实的体育课教案，体育课教案应该是指导思想、教材分析、学情分析、目标方法、重点难点和教学流程等最终的表现形式，这些基本要素的分析与归纳统称为体育教学设计。体育教学设计是体育教学重要的组成部分，其重要意义在于教师通过体育教学设计的制定，提高体育课的课堂教学效率，激发学生锻炼身体的热情和信心。

第二节　体育教学设计的现状

伴随着新体育课程教学改革的深入，我国体育课程改革理念也发生了很大改变，学生的主体地位意识得到了很好的改观。但我国传统教育思想理念根深蒂固，并且在新中国成立很长一段时间内一直受苏联教育理论的影响，严重束缚了我国体育课程教学改革的思路。目前我国体育教学中学生主体地位意识薄弱，体育课程改革理念得不到很好的贯彻，存在较多的问题。

一、目前体育教学中学生主体地位意识存在的问题

（一）传统的教学方式忽略了学生培养目标的多样性

受我国传统教育思想的影响，体育教师一直处于体育教学的中心位置，教师本身也把自己放在了主体地位，体育教师以传授运动技术技能为重要内容，强调学生要在教师的教导下完成教学目标。一般体育课的教学步骤是相对固定的，在教学过程中教师首先采用讲解、示范对技术动作进行展示，随后指导学生模仿练习，纠正错误动作，最后通过让学生反复练习达到掌握技术动作的目的。目前，大多数学校均采用这种教学程序，这种体育课程教学思想陈旧、教学目标单一，忽略了培养学生的体育学习意识目标，忽略了体育教学对学生身心发展的作用，忽略了对学生体育学习兴趣培养等目标。教师中心地位思想让教师极少考虑学生的学习感情，仅仅以为学生

掌握运动技能就是所谓的学好了体育的全部，这一观念是非常片面的。这种单一传授方式在体育教学领域统治了许多年，自始至终都是政府、学校、教师自行安排课程内容与形式，然后在各个学校中进行推广，从来没有让学生自主选择学习内容和方式。学生只是一味地被动接受，根本没有机会表达自己的感受，我们也无从感知学生的体会，从而无法激起他们的主观能动性，学生的主体地位自然无法得到保证。

（二）体育教师忽略学生主体地位

我国在不同时期都有不同的教学计划，教学大纲也处在不断变化当中。体育教师在安排教学计划、设计教学内容以及组织形式时，大部分情况下是按教师擅长的技能、学校的条件、教学环境等实际情况进行教学设计，很少甚至几乎不考虑学生的实际情况。这是教学设计中的大忌，又是我国学校中实实在在存在的问题。由于每个学生的身体条件、心理素质，以及掌握的体育技能等方面存在差异，在体育教学过程中学生掌握技术的能力存在相当大的差距。有的学生很容易就完成了技术动作，有的学生用了很长时间可能掌握得也不好，教师如此一味地按照大纲教学，不考虑不同学生的身体心理变化，势必会使学生之间的差距越来越大，对学生的心理影响也越来越严重。如果此时教师和学生之间仍旧缺乏沟通，将会导致学生自信心受到严重的伤害。同学之间也会出现各种矛盾，最终学生不再喜欢体育课，对体育课产生排斥心理。建立提高学生体质、增强学生体育学习的能力，以及让学生养成终身体育等目标最终成为泡影。

（三）体育教师与学生地位不平等，难以营造轻松的体育学习环境

良好融洽的师生关系是发挥学生主体意识，激发学生主观能动性，促进学生主动学习的关键因素。目前，我国学校教师和学生之间存在严重的不平等关系。在实际的体育教学过程中，如果学生出现不符合课堂要求的行为时，教师往往选择体罚的形式对待学生。学生无法和教师进行有效的沟通，师生之间的误会得不到及时解决，学生一直处于弱势地位，身体和心理承受能力一旦被打破，学生的学习态度将会产生根本性的变化。正处于青春期的学生还可能会出现逆反心理，如故意上课迟到、故意违反课堂纪律等现象。这种心理还会影响学生其他课的学习效果，体育课是调整学生心理的有效手段，不能成为刽子手，如此恶性循环下去，将对学生的全面发展产生不可估量的坏影响。

二、体育教学中学生主体地位意识教学设计

体育教学中，教师的主导性和学生的主体性是辩证统一的，两者是对立统一的，

不可缺少任何一部分，亦不可过分追求其中之一，否则都会导致体育教学秩序的混乱。教师的主导性即指导性，是教师利用自己已有知识和技能在教学过程中指导学生的学习，从而实现教学目标。学生主体性是指学生在体育教师的指导下发挥自我主观能动性，向着教学目标积极学习。教师的主导性是为了学生更好地发挥主动性，学生的主动性也促使着教师主导性的发挥。学生的主动性不强，客观地反映了教师的主导性存在问题，没有充分地调动学生的主观意识。学生积极主动学习反馈了体育教师主导性作用的良好发挥。教师的主导性促使着学生主体意识的增强，也说明了教师对学生的了解和学生对课程的兴趣。因此，体育教学过程中，教师主导性和学生主体性是相辅相成、相互促进的关系，二者是不可分离的，是同一事物的两个方面。科学合理符合客观现实的教学设计也显得更加重要，以下提供的体育教学设计将有助于体育教师对学生主体地位意识的建立。

（一）关注学生自身发展，确定以学生为本的教学理念

新时期体育课程改革目标改变了以往过于重视体育知识传授的问题，增加了强调学生主动性的学习态度，使学生在掌握基本技术知识的基础上，培养学生的体育学习兴趣，全面发展学生的个性，在体育学习过程中形成正确的价值观和世界观。体育教师在教学过程中一定要改变以往的教学理念，平等教师与学生的地位，不再以教师为中心，同时改变教学内容与组织形式，使内容多样化，组织形式开放化，从而最大限度地激发学生体育学习的兴趣。教师由以教材为中心转变为以学生为中心，尊重和承认学生间的个体差异，区别对待、因材施教，从而使学生体会到体育学习的成就感和幸福感，在体育课程学习上树立自信心。与此同时也要注意学生社会适应能力的培养，促进学生良好行为习惯的养成，体育课程的学习，不仅有助于提高学生的身体素质，更能在培养学生良好意志力、社会适应、优秀品格方面表现出强大的作用；关注学生自身发展，以学生为本的教学理念可以保证学生主动积极地参与体育活动，以促进学生的全面发展。

（二）建立师生和谐的体育教学环境和良好的教学气氛

愉快、轻松、平等的教学环境可以有效地促使学生体育学习的效果，教师在体育教学过程中应该积极主动地去营造和谐、活泼、轻松、民主的教学气氛，从而提高学生学习的主动性和积极性，让学生在愉快活泼的环境中参与体育活动，让学生更深入地体会参与体育的娱乐性、重要性，更好地让学生建立对体育的兴趣，发展主动探索体育的求知欲，以及在实际生活中运用体育和创新性地发展体育技术技能的能

力。师生间的良好沟通和交往是建造良好教学环境的基础，新时期教学改革要求教师转变角色，改变以教师为主体的观念，树立教学为学生服务的理念，做一个积极参与体育课程学习、大胆创新的引导者，在学生、教师之间建立平等的关系，从而更高效地实现体育教学目标，实现学生个性的全面发展。

（三）建立全面合理的体育课程评价体系

体育教学评价就是根据体育教学大纲、学科目标、运用课程评价方法和手段对体育教学活动和效果进行整体价值判断的过程，同时根据结果反馈对体育教学各个部分进行及时的修正，从而总结和获取成功的教学经验，以此更好地促进体育教学实施。体育课程评价体系包括体育课程内容和环境的评价、体育课程组织形式评价、教师和学生的学习评价等内容。教学评价的意义在于通过对教师教学能力、态度和效果以及学生学习能力、态度和效果的评价，让师生及时地发现教学和学习过程中存在的不足，并能够及时地纠正，从而高效地完成教学目标。

体育课程教学评价方法手段以及内容要尽量做到全面科学，体育课程评价要做到从终结性评价向过程性评价转变；在评价主体上面，将忽视学生评价向教师、学生等多方面共同参与评价转变；评价方法上将传统单一评价向多样化评价方向发展，真正发挥体育课程教学评价的诊断、反馈、定向、证明和教学等功能，促进学生主体性地位的发挥，让学生积极主动地参与到体育课程学习当中，真正实现学生在体育课程教学中主体地位的目标。

（四）注重学生体育课程学习的情感体验

学生体育课程学习过程中，学生体育学习的情感体验和自身机体能力的变化有着非常密切的联系，两者是相辅相成、缺一不可的统一整体。学生良好的情感体验来自机体实际的体育活动参与，生动、活泼的体育课程学习的内容和形式能够充分调动学生积极主动参与，激发学生体育学习的兴趣。学生良好的身体体验能够带来精神情感上的满足，机体活动越激烈，情感体验越明显。学生自身体育运动激发情感方面的体验，增加学生对体育知识技术的探索欲望，为学生养成终身体育及未来良好运动习惯打好基础。教师的情感直接影响着学生的情感体验，教学不仅要做到体育课程内容形式的多种多样，还应与学生进行积极的情感交流，时刻注意学生的情感变化，及时化解不好的情绪，使教师和学生的情感在体育课程学习过程中产生强大的凝聚力，以求高效、高质量地完成体育教学目标。

新课改中一直在强调学生主体地位，其实学生主体地位的前提是在教师的主导作用下，两者关系达到平衡才能发挥教与学两方面的积极性，以获得极佳的教学效果。体育课程教学中学生主体地位的核心是培养学生学会体育锻炼，提高运动能力，增强体质。教师应做到，在体育教学过程中要考察学生的认知现状、身心特征、教学环境，从而科学合理地安排教学内容，组织教学形式，为学生创建一个积极主动、轻松活泼的体育学习氛围，发挥学生主观能动性，以及探索精神，促使学生主体地位得到全面发展。另外，教师可以适当地让学生自主选择教师、自主选择项目内容以及自主选择学习时间、地点，只有在体育学习中为学生提供更多的选择，才能充分调动学生的主体意识，才能激发学生的创造性，同时学生的个性才能得到全面的发展。学生主体地位必须要在教师正确的指导下才能很好地建立，学生主体地位不是说说就能实现，是需要政府、社会、学校、教师等因素共同的努力才能实现。为了培养更多的体育人才，为了中国未来的体育事业，教师应摒弃旧思想接受新思想，认真贯彻课程改革目标，真正做到“以学生为中心”，为国家培养更多身心健康、心理成熟、技术全面、社会适应能力强、全面发展的体育人才。

第三节　体育教学设计的改革与发展

一、青少年体育运动技能教学情境设计

体育教学的发展一直以来都不重视对运动技能的学习，全民体育也只是在于增强人的体质而发展提倡的。一说到运动技能，大家都会说那是专业运动员要完成的事，但事实上运动技能的学习对每个人都很重要。随着全民体育的发展，学校体育、青少年体质健康问题引起社会的广泛关注。2015 年，国家体育总局发布的《中国青少年体育发展报告》中关于青少年体质数据的统计首次把青少年体质问题推向高潮。2016 年是“十三五”规划开局之年，本年度《中国青少年体育发展报告》以青少年体育规划与布局为主题，围绕已经颁布或即将颁布的青少年体育政策法规和发展规划，个人全面发展和终身体育发展的要求。因此，在体育教学中应加强对运动技能的学习，只有科学地掌握运动的技能才能从根本上提高学生的身体素质，不仅如此，运动技能的学习还可以提高学生对运动的兴趣爱好，激发学生对运动的热情。

（一）对青少年体育运动技能学习的认识

随着我国经济文化不断发展，人类的生活方式也发生了重大变化，人们对自身的追求逐渐转向自身的健康，对健康有了更高的要求，同时对青少年的健康要求也越来越高，发挥家庭、学校、社区三位一体的联动机制，能够丰富家庭社区的体育文化，

能够构成社区和学校体育资源共享。因此,若想使青少年达到体育锻炼的目的,必须培养青少年终身体育的意识。伴随着各个相关政策的陆续提出,全国各大院校在体育教学方面的改革成果也相继而出,主要针对现行的体育教学模式存在的教学弊端大,不能真正地把终身体育意识灌输给每个学生等问题。

针对开放式运动技能研究的新进展,运动技能的教学分为开放式和闭锁式。开放式运动技能灵活性强,主体与情境的交互作用占主导位置;闭锁式运动技能则是预先的技术动作,灵活性差,教学方式单一。相对来说开放式教学更有难度,并且更科学合理。开放式运动技能研究意义重大,在学校体育方面,关系到学生运动兴趣和运动技能提高的教学目标。

运动技能教学情境设计的必要性。通过实践证明,生动有趣的教学情境可以有效地激发学生的学习兴趣,很好地促进师生互动,从而激发学生主动、积极的学习态度,让学生更好地掌握学习技能。那么,在短网运动技能教学过程中,如何设计出符合学生身心发展的情境,成为当前从事体育教师及教育工作者的一大难题。因此,本研究通过对体育这一运动项目特点的把握,根据开放式运动技能原理,合理有效地创设出适宜的运动技能教学情境,旨在为广大体育教师指导短网教学提供方向,并为体育在我国的发展和普及提供实践经验和理论基础。

(二)影响青少年体育运动技能学习各阶段的因素

第一,运动技能学习前期。运动技能教学的思维认知和内隐性知识的转化对于学生来说难度较大,尤其是内隐性知识转化为外显性知识,这是需要一个教学手段的强化过程。通过创设特定教学环境,使其知识学习外显性特征显现出来,囊括了学生对整体教学情境的认知以及基本技术的内化。因此,在这个阶段的主要学习影响因素包括教师的动作示范能力、将本体感知内隐性知识外化的教学内容组织能力、语言表达能力、学生对知识的理解、加工记忆的认知策略、技术动作模仿水平以及相关类似运动经验导致的学习迁移。

第二,运动技能学习中期。技能学习中的联结得到进一步的强化。从学习过程讲,主体学习处于本体决策和本体应答行为学习阶段,需要进行瞬时合理的技术选择,以及做出合理的动作技术。其中本体决策知识教学仍然属于将内隐性知识外化的过程,需要学生掌握不同情境下的教学内容和战术知识。而本体应答行为学习内容是结合情境下的基本技术学习。因此,在这个阶段的主要影响因素有基本技术的熟练程度、结合情境下的不同战术要求的决策教学内容安排以及学生身体运动能力。

第三,运动技能学习后期。学习过程主要是对本体感知、环境外显特征、本体决策和本体应答行为学习效果的综合体现。这个阶段的主要影响因素是学生的技术熟练程度、战术掌握水平、身体素质、视觉和听觉的感知能力。

（三）青少年体育运动技能教学情境设计的路径

通过简化体育运动项目规则，以体育游戏和比赛为中心，培养学生在各种体育运动比赛中分析问题和解决问题的能力。领会教学法经多年的实践和不断的改进，目前已日趋完善。现根据体育领会教学法的教学模式结合开放式运动技能学习原理，将体育运动技能情境化教学设计流程分成六大部分：项目导入；比赛导入；战术意识的培养；预判能力的培养；运动技能执行；动作表现。

1. 体育运动项目导入

体育教学中运动项目的导入既是开始，也是关键。一个运动项目导入的方式方法不同，将会直接影响到学生学习的效果和教学质量。因而，在这一初始环节，教师要首先把握教学环境空间和单位时间，空间上表现在学生学习的环境，对体育的认识程度，对该运动的兴趣性，以及年龄、性别、身体素质等主观因素。时间上表现在教学中如何安排对该项目的初步认识，如何使其获取直接感知经验，且在相同的空间范围内充分实现各个方面因素的协调。例如，通过短网运动技能教学情境的导入，将项目的特点和概念也穿插在其中，让体育运动的情境和问题能够直观地呈现，从而创造宽松有趣的学习环境，并引导学生积极、主动地思考自己与情境之间的关系，让学生来预判自己在比赛状态中的角色，并主动地探索与分析自己可能遇到的问题，为下一环节提前做准备。

2. 体育运动比赛导入

在比赛讲述中也应该反复强化该项目的基本技术要领，导入比赛应该坚持循序渐进的原则，通过详细讲解和解答学生的疑问，能够让学生在获取亲身运动体验的同时进一步巩固该项目的基本技巧和要求，同时结合比赛的规则适当加强学生战术意识的培养，提高学生的灵敏素质，遵循比赛规则，有条不紊地巩固运动技能的学习。在这一环节，体育教师为了有效地激发学生的学习兴趣，让学生尽可能积极主动地参与到教学活动中来，可以采用主动设疑式或者是设问式集体互动以及合作探讨的方式来进行，为下一环节提前做好准备。

3. 战术意识的培养

依据开放式运动技能学习过程原理，学生体育战术意识的培养应贯穿整个教学的始终，只有这样才能激发学生学习的斗志和情绪，使学生能够在体验体育运动的同时获取比赛的归属感和认同感。在体育运动技能教学中设置教学情境，战术意识培养作为教学实践应用的第三环节。在这一环节，任课教师可以在体育游戏或者是体育比赛进行了一小段时间之后稍加强调，通过学生感官意识主动寻求战术战略以争取赛场主动，如有疑问，可以展开小组讨论和交流，通过发表各自的意见来一起思考和解决各种疑问，从而在帮助学生了解和体会基本的体育战术的同时，实现对学生体育战术意识的引入和塑造。

4. 预判能力的培养

体育运动中青少年学生的预判能力是争取赛场主动的关键环节，同时也是学生灵敏素质的一种表现。通过学生对体育运动基本战术的基本认识和体验之后，体育教师就可以组织学生进入预判能力的培养环节。预判能力培养环节的导入也是基于前面几个环节，在此基础上实现体育游戏与体育比赛共融互通，即以游戏丰盈比赛、以比赛促进锻炼、以实战感染情绪、以情感认知获取预判意识、以预判能力应对复杂的赛场环境。那么，在这一环节应针对两方面关键问题：一是“做之前的判断”，在瞬息多变的体育运动比赛或游戏中，学生要能够筛选各种复杂信息，通过运动经验的丰富和习惯于赛场环境气氛，形成直接的感官意识和行为习惯，对赛场信息进行有效合理的预判，使学生短网运动得更为协调持久；二是“判断之后的行动”，要选择如何才能够实现最佳效果的动作技能，也就是需要决定如何来做的行为过程。

5. 体育运动技能的执行

这一环节主要考查学生的赛场执行应对能力，也是预判能力的继续。行为执行力是在原有感知经验的基础上，配合战术意识运用体育运动技能技巧，也是配合体育运动比赛中的战略战术实现的目标前提。例如，学生运动技能行为执行不当，战术配合就失去了原有的效果，之后再通过反复练习总结经验，再练习再总结，在游戏中纠正，在比赛中锻炼。以此学生的运动技能执行能力逐渐趋于成熟，为下一环节的导入奠定基础。在运动技能执行阶段来掌握动作技巧，是提高学习效果的重要途径。

6. 体育运动动作的表现

动作表现是教学情境引入的最后环节，通过动作表现能够反映学生运动技能的学习程度，这也是在完成运动技能执行阶段之后设置这一环节的原因。学生应借助反复的练习与比赛来实现所学习的体育动作技能和战术观念的实践运用，并以此提升自己在体育运动中的良好表现。体育教师在动作表现阶段主要扮演纠正者或反馈者的角色，在整个教学过程中教师应始终引导学生正确的运动技巧、方式、方法，通过语言和肢体感官信号刺激，使学生能够快速领悟运动的奥妙之处，进一步加深学生对短网运动项目的认知和情感，这将会直接反馈到学生自身的动作表现中。

二、体育教学改革的媒体设计

视听教学媒体是科技产物，运用教学媒体能够很好地改进教学效果，其已经成为教师必备的教学技术。影响教学效果的因素很多，而运用视听教学媒体是提升教学效果的因素之一。基于此，对体育教学改革的媒体设计进行初步的研究，对于体育教育教学改革具有十分重要的意义。研究认为，在以目标为导向的体育教学与学习历程中，体育教师的教学行为功能一般包括以下几种：组织有效的学习环境；编排合理、渐进发展的学习内容。21 世纪的体育教师，必须具备视听媒体的运用与制作能力，以期适应体育教育教学的创新发展。

（一）体育教学媒体系统化设计

在以目标为导向的体育教学与学习历程中，体育教师的教学行为功能包含：组织有效的学习环境，编排合理、渐进发展的学习内容，适时适地为学习者提供动作技能的反馈信息。笔者尝试以体育教学媒体作为体育教学的系统化设计，其项目诠释如下。

1. 分析条件

首先要分析任教学校的环境条件，如场地、设备、器材、经费、师资、校风、社区背景等，也要了解学生本身的条件，如兴趣、能力、性别、年级、文化背景等。

2. 制定学习目标。

在理解学生的需求之后，就要设定学生的学习目标，没有目标的教学活动则是盲目的，所以应该制定符合学生需求、不违背教育目标和国家政策，同时也应该让学生能够达到的教学目标。而体育教学是一连串复杂的交互作用，所以教学目标制定应以单元教学的概念为基础，做出整体的教学规划。

3. 选择或制作教学媒体。

针对一节课或单元教学的内容，搜集相关的媒体，设计新的媒体或翻制已有的媒体，当然也要注意版权的问题，必要时要征求原作者或出版者的同意。

4. 媒体规划。

媒体选定或制作完成之后，如何去利用媒体，媒体的使用需要多久的时间，教室场所的准备和必要的设备或仪器的操作以及课堂上的讨论和分组活动、学习团体等必须预先做出计划安排。

5. 运用媒体。

视听媒体运用到教学活动上，固然有其功能、意义及时代特征，但也有其限制，所以视听媒体不能作为教学的全部，而媒体应该是从属教学、增强教学效果的地位，因此教师不能失去自己应有的角色和职责，应该结合媒体的使用，加以解说、运用、引导、提示等，以便取得积极的教学效果。

6. 学生的反应。

学生期待学习什么以及如何表现出较为具体的目标，能够立即给予教学反馈，以达到教学互动的作用。

7. 评测。

评测教学的有效性是非常必要的，必须对整个教学过程及进度做一个评量，以合理评估教学效果。

8. 分享。

各级图书馆或视听教育馆、资料中心、文化中心等文化教育机构，有时会印制一些政府出版品及印有该馆或该中心所储备的视听媒体目录，当然也包括体育教学媒体目录，这些资料有的必须亲自索取，有的可以通信索要。有些图书公司，为了宣传，也会印制样品或目录，可以联系取得，以供教学使用。

9. 运用社会资源。

上述文化教育机构，大多设有视听中心或视听室，可以申请使用。一般情况下，这些媒体大多不能外借，只能现场观看，也可以自行拷贝，不过这可能涉及版权及图书馆的管理问题，不容易实施；博物馆、文化教育中心等文化教育机构，有时也会举办一些和教学有关的展览或表演活动。

（二）体育教学改革的媒体设计原则

体育教学改革中的媒体设计原则至关重要，它们直接影响了学生对体育知识和技能的理解与掌握。媒体设计不仅包括教学过程中使用的图像、视频、音频等媒体元素，还涉及到整体教学环境的设计。以下是在体育教学改革中应考虑的媒体设计原则：

1. 可视化原则

媒体设计应强调可视化，通过图像、图表、视频等形式将抽象的体育概念呈现为直观的形象，使学生更容易理解。可视化有助于激发学生的兴趣，提高他们对体育知识的记忆和应用能力。

2. 情感连接原则

媒体设计要注重激发学生的情感与兴趣。通过生动的图像和情景，设计能够引起学生共鸣的媒体内容，使学生在体育教学中建立起积极的情感连接，更愿意参与到体育活动中去。

3. 互动性原则

利用多媒体技术，设计有交互性的媒体元素，使学生能够参与到教学过程中，提高学习的积极性。例如，通过虚拟实境（VR）或增强现实（AR）技术，让学生在虚拟环境中进行体育训练，增加互动性和参与感。

4. 多模态原则

结合不同感官刺激，使用多种媒体形式，如图像、音频、视频等，以满足学生不同的学习方式和感知习惯。多模态设计可以更全面地激发学生的兴趣，促进他们多方面的感知与理解。

5. 个性化原则

根据学生的个体差异，采用个性化的媒体设计，满足不同学生的学习需求。这可以通过根据学生水平的不同提供个性化的教学资源，或者采用个性化推荐系统等方式来实现。

6. 沟通清晰原则

媒体设计应注重信息传达的清晰性，避免信息过载和混乱。通过简洁而清晰的设计，确保学生能够准确理解所呈现的体育概念和技能。

7. 技术整合原则

充分利用现代技术，将不同的媒体元素有机地整合在一起，提高教学效果。例如，结合在线学习平台、教学软件，实现教学资源的统一管理和互联互通。

8. 反馈机制原则

在媒体设计中引入及时有效的反馈机制，帮助学生纠正错误，改进技能。这可以通过在线互动、即时评价等方式实现，提高学生的学习效果和自我调节能力。

9. 适应性原则

考虑到学生的学习进度和能力水平的不同，媒体设计应具备适应性。通过差异化的教学资源和难度可调的内容，满足学生个体差异的需求，使每个学生都能够找到适合自己水平的学习路径。

10. 安全与隐私保护原则

在设计媒体元素时，应注重学生的安全和隐私保护。不仅要确保学生在学习过程中的身体安全，同时要保护其在在线环境中的隐私权益。

这些媒体设计原则共同构建了一个符合现代体育教学需要的教学环境。通过科学合理的媒体设计，可以更好地激发学生学习的兴趣，提高学习效果，促进学生在体育教学中的全面发展。

运用教学媒体的关键，在于教师是否认真负责，尤其在体育教学方面，许多技能都是很精细、复杂的，有些是抽象的，因而提出体育视听媒体教育具有重要意义。传统视听教育的观念，即教学教具是一种辅助教学的工具，这种辅助工具含义是消极的、保守的，仅是辅助教学，范围过于狭窄。随着教育工程学的兴起，将教育的领域提升到一个新的境界，它是以心理学及教育学为基础，广泛地运用科学的方法、技术及产品，进而研究解决教育问题。媒体教育理论认为，任何形式的资料、资源和设备，应用在教学上都可以称为教学媒体。因此，21 世纪的体育教师，必须具备视听媒体的运用与制作能力，以适应体育教育教学的创新发展。

三、休闲教育理论视角下的高校体育教学设计

体育教学设计是为体育教学活动制定蓝图的过程，它规定了教学的方向和大致进程，是师生教学活动的依据。2015 年年底教育部发布的数据显示，中小学生身体素质在多年下降之后向好，而大学生身体素质下降的现象却并没有得到改善。我国高校面临着大学生竞技水平的提升与身体素质的下降形成的一系列巨大反差。高校体育教学在“普遍有闲的社会”背景下该何去何从呢？随着全民健身上升为国家战略，我国高校体育迎来了最好的发展时代，教育和体育正向“同谱一首曲、同唱一台戏”转变，“体教结合”正朝“体教融合”迈进，提升运动能力、增强学生体质、培养完善人格成为高校体育三位一体的目标。当前，我国所进行着的这场伟大的、深刻的、史无前例的社会转型和教育改革呼唤人性美的回归，关注人文精神的培养，注重人格的完善与发展，让高校体育教学真正“为终身体育而教，为自身全面发展而学”。

（一）休闲教育在体育教学中的语义呈现

“休闲”源于希腊语“Shole”，英文为“leisure”，意为休闲和教育，在娱乐中伴随文化水平的提高。曼蒂和 L. 奥德姆 (JeanMundy&LindaOdum，1979) 对休闲教育的论述被认为是当前对休闲教育最完整的认识。他们认为：休闲教育是一场使人能够通过休闲来改善自己生活质量的全面运动；一种使人能够在休闲中提高自己生活质量的方法；一种贯穿于从幼儿园以前到退休以后的终身教育；一种通过扩大人们的选择范围，使他们获得令人满意的、高质量的、休闲体验的活动；一场需要多种管理机制和服务体系共同发挥作用承担责任的运动。它体现在人类生活的方方面面，对休闲教育的研究通常与其他学科相联系。心理学层面上，美国心理学家奇克森特米哈伊认为，休闲教育是一种不需要外在标准界定的具体活动，是有益于人健康发展的内心体验，它更重视人的自由、满足、愉悦、幸福等内心的感觉而不是外在的活动

形式。哲学层面上，我国学者马惠娣认为，休闲教育是人的一种生命状态，是一个“成为人”的过程，是人完成个人与社会发展任务的主要存在空间，它不单是关注寻找快乐，更重视休闲与人的本质之间的联系，即寻找生命的意义。社会学层面上，美国休闲学者奇克与伯奇认为，休闲教育是人与人之间关系的发展和增进的社会空间。它强调人与人之间的联系并同时发展人的个性的生活方式和生活态度。

随着人们对休闲与教育、体育之间关系的深入研究，对知识、教育、课程本质和功能认识的发展，体育课程正从经验型、科学型向文化型或生活型转变。在休闲推动教育改革的同时，我国学校体育教育面临着休闲时代到来的巨大挑战。鉴于休闲时代体育功能的嬗变，一些时尚、轻松且具有休闲价值的体育项目慢慢进入高校体育课程成为教学内容的“新宠儿”。我国学者普遍认为，休闲体育教育将取代知识身体教育，休闲教育思想以重视人的自我表现，关注人“成为人”的过程，引导追求真善美的生活逐渐融入高校体育，成为推动 21 世纪学校体育改革和发展的重要内驱力。

休闲教育不是把休闲内容当作事例在课堂上讲解；不是以娱乐或娱乐职业的价值为核心；不是向所有人鼓吹同一种休闲生活方式；也不是一门或一系列课程。著名的休闲教育家布赖特比尔认为，休闲教育本身是一个缓慢的、循序渐进的过程，需要传授一定的技巧并要练习这些技巧。休闲教育很难以独立课程的形式存在于学校的体育课程中，但是并不影响休闲教育渗透在体育课程教学中，使体育教育过程更具休闲色彩。把休闲引入体育教学中，并非否认体育教学目标的重要作用，而是把休闲作为体育教学模式设计的一种新的思路，体现出休闲的理论参照价值。休闲教育与体育教育融合的主要做法如下：①休闲理念在体育教学中的渗透；②在体育教学中插入休闲活动；③把休闲活动当作一种体育教育资源；④教师适时对学生的休闲活动做出积极评价；⑤通过体育平台帮助学生了解获得各种休闲活动的知识、技能的途径。鉴于高校体育教学内容发展演进过程中所表现出的时代性特征，结合当前高校体育增进青少年健康的历史使命和如何实现“休闲”和休闲生活方式养成中所面临的困境，本研究将从休闲教育的视角对体育教学设计系统进行探讨，希望能够得到新的启示。

（二）休闲教育与大学生体育教育结合的依据

1. 休闲教育与大学生体育教育结合的理论依据

2007 年 4 月颁布的《关于全面启动全国亿万学生阳光体育运动的通知》指出，要“精心策划，认真研究制订方案，吸引广大青少年学生走向操场、走进大自然、走到阳光下，积极参加体育锻炼”。2007 年 5 月《中共中央国务院关于加强青少年体育增强青少年体质的意见》指出，要认真落实健康第一的指导思想，把增强学生体质作为学校教育的基本目标之一；要"根据学生的年龄、性别和体质状况，积极探索适应青少年特点的体育教学与活动形式"。这两个文件再一次阐明了学校体育要坚持"健康第一"的重要思想。不同的是"阳光体育运动"代表了今后增强青少年体质的一种具体的组织形式，中央 7 号文件则提出了要探索科学、合理的体育教学与活动形式。2016 年 5 月 6 日国务院办公厅印发的《关于强化学校体育促进学生身心健康全面发展的意见》(国办发〔2016〕27 号)，指出，学校体育要遵循教育和体育规律，以兴趣为引导，注重因材施教和快乐参与，定期开展阳光体育系列活动和"走下网络、走出宿舍、走向操场"主题群众性课外体育锻炼，为学生养成终身体育锻炼习惯奠定基础。从 2007 年的中央 7 号文件到 2016 年的 27 号文件，9 年来中央和国家对学校体育和学生体质状况可谓高度关注。这些文件的出台，为高校体育教育指明了方向：今后的高校体育教材内容建设应当是在保持共性特征的同时发展个性；在保留传统项目的同时发展不乏时代气息的现代休闲项目；在发展体能、技术的同时发展个性和健全人格；在发展学生体质的同时渗透休闲教育；用休闲教育功能破解高校体育教育中出现的发展性问题有着独特的社会价值。

2. 休闲教育与大学生体育教育结合的现实依据

高校体育课程改革，遵循时代发展要求，在《纲要》的指导下，课程目标、结构、内容、教学方法、资源开发等方面发生了巨大的变化，特别是灵活的选课方式及时尚运动项目的引入等为高校的体育课堂增添了许多活力，从而得到了广大师生的认可。但这种人性化的教学模式面对 12 年应试教育后的大学生如何养成参与体育休闲的习惯，大学生闲暇时间的增加与体质健康休闲能力低下之间的矛盾如何得到解决，大学生体质健康下滑趋势如何得到有效控制等学生体质健康状况与社会需求逐渐脱节的现实出现了一些新的矛盾和问题。在体育教育改革实施素质教育、复归教育本性的推动下，休闲课程作为教育课程或体育课程逐渐走入高校，实现休闲教育和体育教育的再次融合，推动了休闲体育教育的诞生。休闲教育理论为大学生体育教育提供了一个崭新的切入点，通过这个切入点可以反观当前大学生体育教育存在的各种不足，并寻找探索解决这些不足的新路径，如关于高校体育教育目标体系如何体现休闲体育教育时代性，如何进行"休闲运动项目"的教材化改造，并使之与竞技运动项目、民族传统体育项目相得益彰等问题。这些问题的解决，最根本的将依赖于教学目标、教学内容、教学模式等的革新设计。

（三）休闲教育视角下的体育教学设计

1. 休闲教育视角下高校体育教学指导思想的设计

遵循《纲要》要求，以休闲教育为核心，确保高校体育教学指导思想多元化的常态实施。体育教学指导思想是指在体育教学的实践活动中，直接或间接形成的对学校体育教学的认识或观点，并对教学活动起方向指引作用。我国学校体育百年来的发展史，其实就是体育课程目标的多元化带来的教学指导思想多元化的演化史。即从“军国民体育思想”到“快乐体育思想”的演化，从“教化自然身体”到“知识身体教育”的推进。对我国经历的“体质教育”“三基教育”“全面教育”“竞技体育”“快乐体育”“终身体育”等多种教育思想，不同学者见仁见智，对其众说纷纭。多种教学指导思想的存在和实施会活跃体育教学，以此促进体育教学模式的多样化发展，有利于对体育学科特质的认识和对体育功能的开发。

高校体育工作者逐渐认识到休闲时代体育功能的嬗变，在“健康第一”思想的指导下，针对我国大学生闲暇时间的增加与科学健康休闲能力低下之间的矛盾，根据《纲要》提出高校体育课程的五方面基本目标，尊重兴趣、健康、适应、体质、素质等众多体育教学思想，把休闲教育、生命教育、生存训练融入体育教学，确立了参与休闲运动、养成休闲习惯、掌握休闲技能、注重体验过程和增进健康素养等新的高校体育教学目标取向。高校体育教学目标向多元化、多层次、多方位方向发展，使得体育的休闲化、娱乐化趋势日益明显，组织化程度日益提高。休闲教育视角下高校体育教学将以休闲教育为主要核心，以尊重学生的生命、人格、个性、差异和自由为原则，通过休闲价值观的阐释和现代休闲方式的规范，达到培养学生休闲兴趣、健全学生体质以及增强学生终身健身意识、习惯、能力的目的。

2. 休闲教育视角下高校体育教学模式的设计

积极探索，促进休闲与体育交融、兴趣和健康提升的体育教学模式不断创新。体育模式的创新是体育教学永葆生机活力的一项重要保证。当前我国高校体育教学模式百花齐放，代表性的有：“三自主”“三互动”“三自治”“三开放”模式，“选项课+教学俱乐部+选修课”体育教学模式等。各模式采取的组织形式也不尽相同，主要有：分层次教学、快乐体育教学、情景教学、体育俱乐部教学、课内外一体化教学等，使得我国高校的体育教学处于多种教学模式和多种组织形式并存的局面。不同的教学目标产生不同的教学模式，某一模式是为某一目标服务的。评价某一模式的优劣，以最后是否达到教学目标为依据。所以，休闲教育视角下高校体育教学模式必须根据教学目标取向的多元化而建立，必须在发扬传统教学模式优点的基础上，通过教学内容创新和重视学生学习过程体验，自此有效推进传统教学模式和组织形式的不断创新。其主要体现在两个方面：

形式上，不断改进教学方法和组织模式，尽可能多地应用现代教育技术，“突破”熟悉、初步掌握、泛化、熟练掌握“四阶段”，讲解示范、练习、纠错、再练习“四过程”传统的体育教学过程，实施不以通过比赛追求成绩，不以崇拜力量为目的，突出教学过程的休闲性和学生的乐趣体验；内容上，根据新兴时尚运动休闲项目的受欢迎程度，实施以休闲教育为重点的内容“重构”来满足大学生的不同休闲需求，实现娱乐性、健身性、开放性与文化性的整体融合。从发展趋势来看，俱乐部型体育教学模式将成为今后我国高校体育教学的主要模式。各高校可以借鉴发达国家的经验，积极实施以休闲为中心的俱乐部制休闲运动教学模式，主要做法是：根据高校人才培养目标，结合大学生对休闲体育的需求，培养和建立终身休闲体育意识，掌握 1 ~ 2 项长期从事锻炼身体的技能和方法，充分发挥个人的体育才能、兴趣与爱好，为终身健康奠定基础。

3. 休闲教育视角下高校体育教学过程的设计

在体育教学中插入休闲活动，突出教学过程的乐趣体验，重视以休闲教育为核心的养成教育。我国高校体育教学面对多种教学模式，其组织形式和教学方法存在的问题主要表现在：一是缺乏针对性，众多体育教学思想一齐涌入高校体育课堂，教学主题分散、任务繁重，体育教师面对一节节具体的体育课时，感到的是一种茫然无助；二是缺少内涵，体育教师的休闲技能参差不齐，为了完成教学任务，拼凑花样繁多、内涵欠缺；三是形式简单，因担心教学事故，过分强调学生主体地位，突出新颖自由，普遍存在淡化运动技术，内容与手段往往过于简化，学生课堂练习的密度与强度很难达到所需水平；四是形式匿乏，以教师为中心、技能教学为主依然很重，学习氛围过于严肃，教学效果非常不理想。

毛振明在《体育教学论》中指出：体育教学的过程是体验运动乐趣的过程，这种乐趣是体育运动生命力的体现，也是体育教学的学习目标和内容。学者刘海春认为，教会学生如何掌握运动技术技能固然重要，但经过应试教育的大学生学习生活幸福与否，决定因素是他自己的休闲价值观，它支配着大学生对休闲生活方式的选择，决定着大学生业余活动的内容、频率与持续时间。所以休闲教育视角下高校体育教学过程应是：在中小学体育教学的基础上，用合理的组织形式和科学的教学方法，向大学生提供规范化的休闲方式，从而帮助大学生养成健康的休闲习惯，使其成为“社会人”。教学过程既不以通过比赛追求成绩，也不以崇拜力量为目的，在接受“团队精神”“遵守游戏规则”和“公平竞赛”等人生教育的同时，教师的主导作用逐渐淡化，学生的主体地位不断增强，传统的“讲解—示范—练习—纠错—再练习”的教学范式逐渐被“分组练习与比赛”等具有自主学习特征的教学组织形式和“目标引导”等具有合作学习特征的教学方法取而代之，师生交流与“双边互动”成为体育教学的新时尚，体育教育诸多环节进步明显。

4. 休闲教育视角下高校体育教学内容的设计

革新优良传统项目、延续校本和特色项目、吸纳新兴时尚项目，挖掘各项目的休闲功能，提升体育教育的文化品味。高校体育教学内容要为教育目标服务，如果体育教学通过丰富多彩的内容和诸如游戏、课堂竞赛、素质拓展等教学手段，让学生在体育教学中享受身体活动乐趣，将有助于学生整体素质的提高。相关的研究表明，我国高校体育教学内容存在诸多问题：一是与中、小学教学内容交叉重复、形式雷同；二是校本课程开发力度不够，照抄照搬，缺乏特色；三是休闲体育项目为迎合学生，盲目求新、求异；四是受场地设施条件和教师休闲技能的制约，新兴时尚项目难以得到开展，或已开展的效果不佳。

休闲教育视角下高校体育教学内容的设计，要围绕“健身”和“休闲”两大教育目标，必须以是否适应终身锻炼要求、是否与社会接轨、是否与未来职业相适应为原则，以培养现代休闲体育生活方式为重点的内容“重构”。主要表现在：一是对本校优良传统项目进行革新，譬如“三大球”等传统内容“改装”成三人制篮球、五人制足球、趣味排球等；二是延续校本和特色项目，譬如羽毛球、乒乓球由于运动量适中，方式优雅、灵巧，受到学生钟爱应大力推崇，舞龙舞狮、腰鼓、轮滑、龙舟、武术等具有地区特色的项目应发扬光大；三是吸纳新兴时尚项目，一些时尚、新颖、刺激的休闲项目如街舞、定向越野、野外生存、台球、桥牌、攀岩、保龄球、极限运动、轮滑等，要有选择地走进体育课堂并逐渐固化为教学内容，以最大限度满足学生多元化的体育需求。挖掘运动项目的休闲功能和休闲运动项目的引入不可能动摇竞技运动项目在教材体系中的主体地位，“竞技运动的休闲化”和“休闲运动技术的规范化”将二者紧密联结，建立以人为本，淡化竞技，注重健身，添加时尚，增强意识，发展个性，养成锻炼习惯为中心的新的课程体系，将进一步提升体育教育的文化品位和精神内涵。

5. 休闲教育视角下高校体育教学评价的设计

适时对体育教学中师生的休闲活动做出积极评价，建立一个评价主体多元化、评价内容多层次化、评价方法多元化的激励机制和评价体系。体育教学评价是按照体育教学性质和教学目标，采用各种评价手段对教学各环节进行分析、判断及提供决策的过程。它既是检查教学效果的手段，也是一种激励措施。调查显示，我国高校体育教学评价手段主要表现为：根据《国家体育锻炼标准》《体质测试标准》对学生的学习结果给出一定成绩；根据课时工作量、学生评价、学校教学督导随机听课抽查等对教师的教学效果进行指标量化。这样的评价结果手段单一很难激起师生的教学热情，也很难对高校体育教学进行科学的评价。因此，探索为学校、教师、学生服务的新途径，调动其积极性和创造性，健全高校体育教学评价制度势在必行。

休闲教育视角下高校体育教学评价的设计，是按照体育教学目标多元化、多维度的要求，根据教学模式的不同、教学过程中教与学的规律和政策，建立起相互激励的多维度评价体系。首先，对于学生学习的评价，要按照《纲要》的要求明确学生的学习是学习过程和效果的评价，除了考核身体素质、运动技能方面的指标外，还要根据学生的课堂表现、健康知识、课外锻炼、个体差异、学习态度、锻炼能力、意志品质等方面进行过程性评价。利用相对性评价与绝对性评价结合对有个体差异学生给予定性评价；根据学生的体育基础，学习进步程度，进行一定的分层评价，在统一的标准要求下，可以定性地给出不同层次学生的相应成绩。其次，对于教师教学的评价，要结合学生评教、督导评价、领导评价、同行评价等多方考核，制定出一套较客观、公正，且具有说服力的量化评价办法。在教师的业务考核、职务评聘和评优、评先进中，应以教学为重要依据，以体育素养、教学能力、科研能力、教学效果和敬业精神等为考核指标。各高校应从理论知识水平、教学内容与方法、教学态度、课外体育教学参与程度、继续教育情况、学生反馈等方面建立起一个评价主体多元化、评价内容多层次化、评价方法多元化的激励机制和评价体系。

高校体育是实施素质教育和培养全面发展的人才的一大重要途径。休闲教育视角下高校体育教学改革的推进是一个系统工程，必须由学校、教师和学生通力合作才能完成。体育教学的主体、客体和教学内容、教学方法、教学模式等构成了一个有机的整体，在教育运行过程中，各个要素既要发挥各自的作用，体现各自的功能，又要协调配合，通过各环节的超循环运转，按照《纲要》的要求，遵循教育和体育的发展规律，在课程目标、课程结构、教学内容方法、课程建设与资源开发和课程评价等方面，尽可能地实现终身教育、素质教育、人本教育、生活教育等多种教育诉求。

第五章　体育运动

第一节　篮球运动

篮球运动于1891年由美国马萨诸塞州斯普林菲尔德市基督教青年会训练学校体育教师詹姆斯·奈史密斯博士借鉴其他球类运动项目设计发明的。起初，他将两只竹篮钉在健身房内看台的栏杆上，竹篮上沿离地面稍高于10英尺，约3.05米，用足球做比赛工具，任何一方在获球后，利用传递、运拍将球向篮内投掷，投球入篮得一分，最后按得分多少决定比赛胜负。1892年，奈史密斯制定了《青年会篮球规则》13条，比赛时间规定为上、下半时各15分钟；对场地大小也做了详细规定；上场人数由每队9人、7人，到1893年决定为5人。随着篮球运动在美国国内的推广和开展，场地、器材也不断改进，逐渐形成近似现代的篮板、篮圈和篮网。

由于篮球运动是一项室内、富有吸引力的新颖的运动项目，不仅在美国国内得到很快的发展，也相继传播到欧洲、亚洲、南美洲等一些国家。1904年，美国青年会男子篮球队在第三届奥运会上进行了表演赛。此后，篮球运动逐步在各大洲开展起来。1932年在瑞士日内瓦成立了国际业余篮球联合会，并正式出版了第一本国际篮球规则。1936年第十一届奥运会将男子篮球列入正式比赛项目，篮球运动登上了国际竞技运动舞台，成为一项世界性的运动项目。

一、篮球基本技术与练习方法

（一）移动

移动是队员在比赛中改变位置、速度、方向和争取高度时所采用的各种脚步动作的统称。

1. 基本技术

（1）起动

起动是队员在场上由静止状态变为跑动状态的一种脚步动作。突然快速起动在比赛中运用最多，也是摆脱对方最简单、最有效的方法。起动时，前脚掌要短促而迅速地用力蹬地，使动作具有突然性。起动的前几步要小而快，同时上身迅速前倾或侧转，向跑动方向转移重心，手臂协调摆动，能在最短的距离内充分发挥速度或以起动超越对方。

（2）变向跑

变向跑是队员在跑动中突然改变方向并加快速度来摆脱防守的一种方法。变向时，上身稍向前倾，同时右（左）脚前脚掌内侧用力蹬地，随之腰部扭转，上身向左（右）前倾，移动重心，左（右）脚向左（右）前方跨出一小步后，右（左）脚迅速同左（右）腿的侧前方跨出一大步，继续跑动。

（3）侧身跑

比赛时，队员在跑动中为了更好地摆脱或超越对手，同时观察场上变化接应队员，经常采用侧身跑。侧身跑时，头部和上身放松地向球的方向扭转，同时侧肩，脚尖朝着跑的方向，既要注意观察场上情况，又要保持奔跑速度。

（4）急停

跨步急停：队员快速跑动到最后两步时，先向前迈出一步，用脚后跟着地并过渡到全脚掌抵住地面，迅速屈膝，同时身体稍向后仰，转移重心，减缓向前的冲力。第二步着地时，身体侧转，脚尖稍向内转，用前脚掌内侧蹬地，两膝弯曲，重心落在两脚之间。

跳步急停：队员在近距离慢跑中，用单脚或双脚起跳（离地不高），上身稍后仰，两脚同时落地。落地时用前脚掌内侧着地，两膝弯曲，下降重心，以此保持身体平衡。

（5）转身

前转身：一脚从中枢脚脚尖前绕过移动为前转身。如向左做前转身时，左脚为中枢脚，右脚前脚掌用力蹬地，同时上身向左转动。

后转身：一脚从中枢脚脚跟后面绕过移动为后转身。如向右做后转身时，左脚为中枢脚，身体重心移到左脚，右脚前脚掌用力蹬地，同时上身向右转动。

（6）滑步

前滑步：由前后站立姿势开始，向前滑步时，前脚向前跨一小步，与此同时后脚用力蹬地向前滑一步，保持开立姿势。注意屈膝降低重心。

侧滑步：由两脚平行站立姿势开始，向左侧滑步时，左脚向左跨出，落地的同时，右脚蹬地滑动，跟随左脚移动，保持屈膝低重心的姿势。身体不要上下起伏，两脚不要交叉，重心要落在两脚之间。向右侧滑步时则动作相反。

（7）后撤步

前脚掌内侧用力蹬地，重心后移，然后将前脚移至后脚的斜后方，紧接前滑步，保持防守位置。

2. 练习方法

(1)基本站立姿势(面向、背向、侧向),听或看信号起动跑的练习。

(2)自抛或别人抛球后,迅速起动快跑,把球接住。

(3)成一路纵队，采用全场“之”字形急停急起。练习时，一队员急停变向后，第二名接上再做,依次进行。

(4)看手势做前、后、侧滑步,后撤步练习,全场“之”字形滑步练习。

(5)两人一组,一攻一守练习。

(6)两人一组，一人运球做各种变向、变速运球，另一人根据对方运球做相应的防守动作。

(二)运球

运球是篮球比赛中个人进攻的一项重要技术，是组织全队进攻战术配合的重要桥梁。运球练习可以提高控制球、支配球的能力。经常做各种运球练习,不仅可以提高运球技术,而且对传接球、投篮等技术都有很大的促进作用。

1. 基本技术

(1)急停急起运球

在防守较紧的情况下,运球向前推进时,可利用急停急起的变化来摆脱对手。

动作方法：在快速运球中，突然急停时，手拍按在球的前上方。运球急起时，要迅速起动拍球的后上方,要注意用身体和腿保护球。

技术要点：运球急停急起时,要停得稳、起得快。

(2)前变向运球

前变向运球是当对手堵截运球路线时,突然向左或向右改变运球方向,摆脱防守的运球方法。

动作方法：以右手为例，运球向右侧前进，遇到对手堵截前进路线时，右手拍球的右上方使球从体前弹向左侧。同时右脚向前跨,上身向左用肩挡住对手,然后换左手按球的后上方,左脚跨出,从对手的右侧继续运球前进。

技术要点：手、脚、肩、身体协调配合。

(3)虚晃运球

虚晃运球是在对手堵截运球路线时，不换手的横运球，改变球路线，摆脱防守的运球方法。

动作方法：运球假动作突破是运球队员利用腿部、上身和头部虚晃，佯做运球动作迷惑对手,使其产生错误判断而做出抢球动作。当其一侧露出空隙时,立即运球突破,左晃右过、右晃左过。

技术要点:手按拍球的部位和拉拍球的动作要连贯。

(4)背后运球

这是在运球前进中,当遇到对手堵截一侧时,而且距离较近而无法采用体前变向运球时,所采用的一种运球方式。

动作方法:以右手运球,向左侧变向为例。变向时,右脚在前,右手将球拉到右侧身后。迅速转腕拍接球的右后方,将球从身后拍按至身体的左侧前方,然后用左手运球,左脚向前,加速前进。

技术要点:手拉拍球的右外侧,手、脚、腿及身体协调互相配合。

(5)转身运球

转身运球是当对手逼近,不能用直线运球且体前变向运球突破时所采用的一种运球方法。

动作方法:变向时,左脚在前为轴,做后转身。同时,右手将球拉至身体的左侧前方,然后换手运球,加速前进。

技术要点:蹬地、转身,拉引球、拍按球动作协调。

(6)胯下运球

当防守队员迎面堵截时,用这种运球摆脱防守方法。

动作方法:当防守队员迎面堵截,贴得很近时,以右手运球为例,变向时左脚在前,右手拍按球的右侧上方。将球从两腿之间运至身体左侧然后上右脚,换手运球,并加速。

技术要点:拍按球的右侧上方,球从两腿之间穿过,上步、换手要协调。

2. 练习方法

(1)原地运球:听哨音或看手势,做各种运球练习,体会运球动作,增强手感,逐步提高控球能力。

(2)直线运球:分两组或多组,成横队站于端线处。第一组持球行进间高运球至另一端线,返回时换左手运球,然后将球交给下一组,轮流进行练习。

(3)变向换手运球:身后运球转身,都采用每人一球,从端线的一边行进间“之”字形依次运到另一边。

(4)对抗练习两人一组一球,全场一攻一防,进攻者采用各种运球方法,从一端攻到另一端攻防交换。

（三）传球、接球

传球、接球是实现战术组织配合的纽带，它能把5名队员连成一个整体，充分发挥集体力量，体现篮球运动特点。巧妙准确地传球，能打乱对方防御部署，创造更多、更好的投篮机会；若接到传球后直接投篮得分，则这个传球被称为“助攻”。稳定牢靠合理地接球，能弥补传球的不足，从而很好地完成传球、突破、投篮等动作。

1. 基本技术

（1）持球手法与传出后的手形

手法：根据手的大小，两拇指八字或一字相对，手指展开拿球。手心不应触球。

（2）持球姿势与方法

持球基本姿势是可投、突、传的三威胁姿势。

动作方法：脚尖正对篮圈，前后开立，屈膝，背要直。躯干要对篮，球放在胸前，抬头看防守及观察场上情况。

（3）传球技术与方法

传球由动作方法、球的运行路线和球的落点构成，这是评价传球质量的重要指标。①双手胸前传球。双手胸前传球是一种最基本而又最常用的传球方法。这种传球快速有力，可在不同方向、不同距离中使用，而且便于和突破、投篮等动作相结合。动作方法：以基本姿势站立，双手持球，向传球方向迅速伸臂、抖腕，同时身体向传球方向移动。初次练习传球时，应向前跨一步以帮助传球。技术要点：手臂前伸与手腕后屈的协调，伸臂与拨腕指的衔接。②双手头上传球。双手头上传球出手点高，便于与头上投篮相结合，与突破、运球等技术相结合使用时，增加动作的幅度，所以它更适于高大队员使用。动作方法：传球时应将球举过头顶。使用双手持球，球高过前额，目光集中在传的点上，双手朝向传球的方向，应意识到对手可能会封盖传球。通过抖动指腕将球传出，球就呈直线传到同伴手中。技术要点：摆臂与拨腕指的衔接。③单手肩上传球。单手肩上传球是最基本的传球方法，而且是经常运用的一种远距离传球方法。动作方法：由持球基本姿势开始，右手腕向右肩处翻转，到达合适传球位置后，以肘关节为轴，借助下肢蹬转或腰腹转动的力量，顺势带动前臂的挥动。手腕、手指前屈，球通过指端旋转传出。技术要点：展体挥臂和蹬腿与身体重心前移的协调连贯。④单手体侧传球。这是一种近距离隐蔽传球的方法，外围队员传球给内线同伴时常用这种方法。动作方法：持球经身体侧后方弧线向外伸展手臂，以肩为轴向前摆臂，当手臂侧伸较充分时，及时扣、拨腕指将球传出。技术要点：体侧弧线引球，摆臂制动与拨腕指的衔接。⑤反弹传球。这是最常用的一种近距离隐蔽传球方式，是小个队员对付高大防守者或中锋传给往球篮方向切入的同伴的有效手段。动作方法：双手掌心向下，置球于胸腹之间。用手指、手腕弹拨球传出。反弹点落于离接球队员三分之一处。反弹高度于腰膝之间。技术要点：球速快，掌握好击地点。⑥单手体前侧传球。这是最常用的一种非常隐蔽传球方式，适用于各个位置。动作方法：以“三威胁”姿势开始，余光观察自己同伴的位置，把握时机。传球时，摆动小臂，当球基本过了前胸时及时压腕、拨指将球传出。技术要点：摆动小臂与压腕、拨指的连贯。⑦单手背后传球。当持球者贴近防守者时运用之，一般情况在快攻结束和突破分球时运用。动作方法：向背后引球时肘稍上抬，上臂带动前臂摆动，当半球位于体后时及时拨腕指将球传出。技术要点：摆臂与拨腕的时机。

（4）接球

接球就是获得传球的动作。良好的接球技巧能够弥补传球上的不足。无论何种接球，都是由伸臂迎球和缓冲握球等动作组成的。接球时，要伸臂迎球，当指端触球的瞬间，手臂要顺势后引，曲肘缓冲来球的惯性后持球。有对手防守时，要先卡位再接球。接球后要随时做“三威胁”攻击姿势，并尽快衔接下一个动作。

①接球的手法

A. 双手接球。两臂先伸出迎球，双手十指自然分开成半球状，手指指端触球瞬间，双臂随球缓冲来球的力量后，自然持球于胸腹之间，保持好“三威胁”的姿势。

B. 单手接球。五指自然分开成弧形并伸出手臂迎球，手指指端触球的瞬间顺势缓冲控球。同时借助另一只手的辅助成双手持球的“三威胁”姿势。

②接球方法

A. 原地接球。原地接球包括迎、引、成基本姿势。迎：向来球方向伸臂或上步迎接球。引：在缓冲过程中将球带到所需部位。成基本姿势：下一个进攻动作的开始姿势。由接球点到腹前走一条向后向下的弧线。

B. 移动接球。跨停步接球：靠近来球方向的内侧脚跨步缓冲接球，后腿膝部内扣，斜撑制动。跳停步接球：收身稍跳起接球，双脚同时落地。

2. 练习方法

（1）原地对墙做各种传球、接球。

（2）两人一组做各种传球、接球。

（3）迎面传球、接球。

（4）行进间两人传球、接球：把人数分成相等的两组站在端线后，两人一组传球、接球上篮交给对面的另一组做同样的练习，然后排到队尾，依次交替进行。

（5）行进间三人传球、接球：练习方法同上，要求三人传球时，中间队员稍后与左右两名同伴成三角形队形，每次传球必须通过中间队员。

（6）三人“8”字围绕传接球：传球人始终从接球者身后绕切至前面接球。

（四）投篮

投篮得分是篮球运动所有技术、战术、技能的最终目的，是篮球比赛中唯一的得分手段。篮球所有的技、战术配合都是为了创造最佳投篮时机，提高命中率，因此投篮是篮球比赛的关键，也是攻防对抗的焦点。

1. 基本技术

（1）投篮的身体姿势和持球方法

①投篮的身体姿势：两脚开立，与肩同宽或略宽。重心在两脚之间，保持好重心平衡。两个膝关节要保持弯曲，上身要含胸直背，身体不能前后、左右摇动，目视投篮目标。肘关节的姿势是当投篮手举起时，手应放松地贴住自己的身体。手和球举起后，肘关节适度外展，躯干与上臂、上臂与前臂、前臂与手腕都要形成90° 夹角。②持球方法：对于单手投篮，用投篮手的食指尖端接触球的平面中心部位。投篮手的拇指应该展开，与食指呈60° 夹角，手指应有“握球”的感觉，手心自然空出。扶球手扶球的一侧，手指全面展开到最大限度。

（2）投篮技术与方法

①原地投篮：是比赛中应用比较广泛的投篮方法，是行进间单手高手投篮、跳起单手肩上投篮等技术动作的基础。

A. 单手肩上投篮。动作方法：以投篮姿势为例，用力蹬地，伸展腰腹，抬肘，手臂上伸、手腕、手指前屈，指端拨球，用中指、食指将球投出，手臂向前自然伸直。技术要点：全身动作协调，用力一致。

B. 双手胸前投篮。动作方法：双手持球于胸前，肘关节自然下垂（不要外展），上身稍前倾，两膝微屈，身体重心放在两脚之间，目视投篮目标。投篮时，两脚蹬地，腰腹伸展，两臂上伸，两手腕同时外翻，指端拨球，用拇指、食指、中指投出，手自然伸直。技术要点：掌握好屈膝蹬地、腰腹伸展。手臂上伸与手腕、手指用力动作的连贯、协调。

C. 勾手投篮。动作方法：以右手为例，降低重心，上身向左倾斜，左脚用力蹬。技术要点：掌握身体重心，掌握手腕和手指力量的控制。

②行进间投篮。行进间投篮是一种被广泛应用的投篮方法，一般在快攻中或切入篮下时运用，也可以在中、近距离投篮时运用。

A. 行进间篮下单手肩上投篮。这是快攻和突破到篮下时常运用的一种投篮方法，比赛中命中率较高。动作方法：以右手为例，在跑动中右脚向前跨出一大步，双手迎前接球，左脚接着上一步，脚跟先着地迅速过渡到前脚掌起跳，同时双手举球，右脚屈膝向上抬配合左脚起跳。当身体到达最高点时，扣腕和手指拨球，柔和地将球投出。技术要点：接球、起跳、引球、扣腕、拨指配合协调。

B. 行进间单手低手投篮。这是快速中超越对手后所采用的一种投篮方法。它具有速度快、伸展的距离远和便于保护球的优点。动作方法：以右手为例。在跑动中右脚向前跨出一大步，双手迎前接球，左脚接着上一步，脚跟先着地迅速过渡到前脚掌起跳，同时双手举球，右脚屈膝向上抬配合左脚起跳。当身体到达最高点时，左手离球，随即右手托住球的下部，手臂继续向球篮上方伸展，并以手腕为轴，手指向上挑球从食指尖投出。技术要点：助跑、接球、起跳举球、挑球动作连贯协调。

③跳起投篮。跳起投篮具有突破性强，出手点高，不易防守，便于与传球、突破和其他假动作相结合的优点，经常与移动、传接球、运球突破等技术动作结合运用。

A. 原地跳投。动作方法：以投篮姿势为例，在两脚用力蹬地向上起跳的同时，上身向上伸展，双手举球，当身体接近最高时，右臂抬肘向上伸直，最后用手腕、手指的力量将球投出。落地时，双腿屈膝缓冲，准备下一个动作。技术要点：利用身体在空中最高点刹那间的稳定迅速出手，全身用力协调一致。

B. 接球急停跳投。动作方法：在快速移动中接球，用跨步或跳步急停。突然向上起跳，迅速举球，当身体接近最高点时前臂向前上方伸直，手腕前屈，手指拨球，通过指端将球投出。技术要点：急停时，步子要稳，连接起跳技术，身体腾空和投篮出手协调一致。

C. 运球急停跳投。动作方法：在快速运球中，用跨步或跳步急停，突然向上起跳，迅速举球。当身体接近最高点时前臂向前上方伸直，手腕前屈，手指拨球，从指端将球投出。技术要点：急停时，步子要稳，连接起跳技术，身体腾空和投篮出手协调一致。

2. 练习方法

（1）持球模仿投篮练习：成广播体操队形，体会原地或跳起投篮的手法和用力过程。

（2）接球急停跳投练习：两人一组一球，相距 5 米左右。一人跳起做投篮练习，另一人接球急停后跳起模仿投篮练习。体会动作的衔接过程。

（3）五点定位投篮。三人一个球篮，用一个或两个球，篮下有人捡球，按五点顺序投篮或跳投，每个点投中三个球才能换下一个点，设计中或未中次数。离篮 3~4

米逐渐放远到 5~6 米，并逐渐加快速度，依次进行练习。

（4）罚球投篮练习：持球站在罚球线后，原地或跳起投篮。进一步体会投篮手法，协调用力和投篮出手角度。

（5）在三分线区域内做一分钟投篮练习：一人一球自投自抢，先 3 米远左右投篮，再把距离拉远进行投篮练习。

（6）行进间运球投篮练习：把队员分成两组，从中场开始做运球上篮。

（7）行进间全场传接球投篮：三人直线传接球投篮，三人围绕跑动中传接球投篮练习。

（五）持球突破

随着篮球技术的不断发展，各个位置的队员都能熟练地运用持球突破技术。持球突破技术发展主要表现为突然性强、速度快，与其他技术的结合非常紧密。持球突破后的各种运球和投篮更加具有攻击性。与假动作结合，使突破防不胜防。

1. 基本技术

（1）交叉步持球突破

动作方法：以右脚做中枢脚为例，突破时左脚先向左跨出一小步（假动作），而后，左脚前脚掌内侧用力蹬地，同时上身向左侧转，左肩下压，使身体向右前方跨出，将球引向右侧并运球，中枢脚蹬地上步继续运球超越对手。技术要点：蹬跨积极，转体探肩保护球。

（2）同侧步持球突破

动作方法：准备姿势和突破前的动作要求与交叉步相同。突破时，右脚向右前方跨出一步，向右转体探肩，重心前移，右手运球，左脚前脚掌迅速蹬地，向右前方跨出，突破防守。技术要点：蹬跨积极，转体探肩保护球，第二次加速蹬地积极。

（3）前转身突破

动作方法：以左脚做中枢脚为例，突破前的准备动作背向球篮站立，两脚平行开立，屈膝，重心降低，两手持球于胸前。突破时重心要移至左脚上，以左脚为轴前转身，右脚向球篮方向跨出，向左压肩，右手运球后左脚蹬地突破对手。技术要点：移重心，蹬地运球动作连贯。

（4）后转身突破

动作方法：准备动作与前转身相同，突破时以左脚为轴转身，右脚向右侧后方跨步，压肩，脚尖指向侧后方，右手向右脚前方放球，左脚前脚掌内侧迅速蹬地向球篮方向跨出，运球突破防守。技术要点：重心平稳。右脚向右侧后方跨出，左脚掌内侧蹬地发力。

2. 练习方法

（1）原地模仿练习。

（2）运用假动作，做不同的突破技术练习，提高运用动作的变化能力和动作的变换速度。

（3）半场或全场一对一进行对抗比赛。两人一组一球，先由一方持球开始进攻，进攻时可以运用交叉步或突破上篮。如突破成功或投篮命中，进攻者继续进攻，反之则交换。

（六）个人防守

个人防守技术更具有攻击性。防守者降低重心，增大防守面积，充分利用自己的身体体重与灵活多变的脚步。对有球队员采用平步或斜步的紧逼攻击性防守，对无球队员采用错位防守。做到以球为主，球、人、区三位一体的防守。

1. 防守的基本动作

（1）基本姿势

两脚左右分开，一脚稍前，屈膝下蹲，重心在两脚之间。上身挺胸塌腰。一脚稍前比两脚平行站立前后更稳定，在突然后撤或向前时易于发力而不需调整。

（2）脚步移动

滑步：移动时先向移动方向蹬跨，跨步脚紧贴地面，再蹬地脚紧贴地面并步。

后撤步：第一步蹬跨后撤要跨步完成，紧接滑步动作。

交叉步：交叉步是后撤步接追踪步的第一步（交叉）再接滑步的组合。

追踪步：追踪步是保持给对手一定压力的、重心稍低的侧身跑动作。

2. 防有球队员的基本动作

迅速调整防守脚步贴近对方，用手干扰对方，从而破坏对方进攻动作。同进攻者保持一臂距离，重心降低，始终要把进攻者置于自己的两腿之间。若运球停止后，要迅速贴近，积极挥动手臂进行封堵。

（1）平步防守

两脚平行站立，重心置于两脚之间。重心降低膝角约 100°，两手臂侧伸，五指张开，两脚处于起动状态。膝关节内扣。

（2）斜步防守

两脚前后斜步站立，一臂上举，一臂侧伸。重心置于两脚之间，屈膝收腹。重心低于对方，两脚始终处于起动状态。

3. 防无球队员的基本动作

人、球、区兼顾，做到近球上，远球放，控制对手接球。防守强侧的无球队员时，采取面向对手侧向球的站位法，用眼睛的余光注意球。防守弱侧无球队员时，采取侧向对手面向球的站位法，防止对手接球。

（1）在球、对手、球篮三点的夹角中间防守

动作方法：两腿稍屈，两臂自然，保持放松机动姿势，侧对防守对象和球。根据对手离球和球篮的远近不断调整与防守对象的距离。

（2）绕前防守

这是一种在防守的人、球、球篮成直线或从篮下溜过时要采用的防守方法。它可分为挤绕和后转身绕。

挤绕的动作方法：后臂从上前伸下压同时后脚前跨。

后转身绕的动作方法：前臂屈肘以前脚为轴后转身。绕前防守紧贴的对手，一手后伸掌握防守对手的移动。技术要点：快速移动中身体姿势和重心的稳定；人和球兼顾。

（3）贴身防守

这是一种在对手接近球篮时要采用的防守方法。

动作方法：两脚斜步防守，一手屈肘顶住对方腰部，一手前伸干扰对手传接球。

（七）抢篮板球

篮球比赛中，抢篮板球是获得控制球权的重要手段之一。

1. 基本技术

（1）抢进攻篮板球

根据自己场上所处的位置，及时判断出球反弹方向，快速起动，摆脱防守，抢占有利的位置。采用单脚或双脚起跳，腾空后身体和手臂充分伸展，及时调整重心，进行投篮或将球传出。

（2）抢防守篮板球

攻方投篮时，防守队员应根据自己与进攻队员之间的不同距离，采用不同的挡人方法。然后根据球反弹的方向，及时转身，迅速抢占有利位置，跳起用单手或双手迅速将球抢下来。落地后持球远离对手，便于及时传球或运球。

2. 练习方法

（1）原地起跳抢球练习，向上自己抛球，然后用双脚起跳，在最高点处将球抢下来。落地屈膝缓冲。体会起跳、空中抢球和落地动作。

（2）两人一组一球，一人站在罚球线处，传球给篮下的队员。篮下队员接球后把球向篮板上抛出碰板。罚球线处的队员上步用双脚或单脚起跳抢从篮板上反弹起来的球，抢下后把球投进篮圈；练习数次后交换。

（3）抢罚篮板球，双方按照比赛中罚球方法进行站位。确定甲方其中一人执行罚球，甲方的另外四人和乙方分别站在分位线后。当投球碰板或碰圈弹起瞬间，双方即冲抢篮板球。如投篮命中，则换由甲方的另一名队员罚球；如投篮不中，由抢得篮板球的队罚球。

二、篮球基本战术

（一）战术基本配合

1. 进攻战术基础配合

（1）传切配合

这是指利用传球和切入技术组成的简单配合。

（2）突分配合

这是指进攻队员持球突破防守队员向篮下切入，遇到防守方另一队员补防时，将球传给因对方补防而漏防的同伴，或传给转移到指定的配合位置上接应同伴的简单配合方法。

（3）掩护配合

这是指进攻队员以自己的身体采取合理的动作挡住同伴防守者的移动路线，使同伴借以摆脱防守的一种方法。根据被掩护者的不同方位而又分为侧掩护、前掩护和后掩护。

（4）策应配合

策应配合一般是指处于内线的队员背对或侧对球篮接球，由他做枢纽与外线队员的突切相配合而形成的一种里应外合的方法。

2. 防守战术基础配合

（1）挤过配合

在对方进行掩护配合时，防守者为了破坏对方的掩护，在掩护者临近的一刹那，主动靠近自己的对手，并从两个进攻队员之间侧身挤过去，继续防住自己的对手。

（2）穿过配合

对方进行掩护配合时，防守掩护的队员主动后撤一步，让同伴从自己和掩护队员之间穿过去，以便继续防守自己的对手。

（3）交换防守配合

这是为了破坏进攻队员掩护配合，防守队员及时交换所防对手的一种配合方法。

（4）“关门”配合

“关门”配合是临近的两个防守队员协同防守突破的配合方法。

（二）全队战术配合

1. 全队进攻战术配合

（1）进攻半场人盯人

常采用内线、外线结合，积极穿插、换位，连续掩护等基本手段，制造中投或篮下投篮等各种机会。常采用的队形有：“2—1—2”（单中锋进攻法）、“1—2—2”（双中锋进攻法）、“8”字（掩护进攻法、移动进攻法）等。

（2）进攻区域联防

进攻区域联防的方法有很多，可根据本队的具体情况和对方联防的形式确定阵式和配合方法。其目的在于攻击对方区域联防的薄弱环节。如“1—3—1”进攻队形布局是针对“2—1—2”和“2—3”区域联防而组成的，“2—1—2”进攻队形布局是针对“1—3—1”区域联防组成的等。

2. 全队防守战术配合

（1）半场人盯人防守战术配合

这种战术配合是进攻队进入防守队的后场后，防守队立即迎上积极盯住各自的对手，同时，进行集体协同防守。基本战术要求是：“以人为主，人球兼顾”和“有球紧，无球松”；针对对手的具体情况（如个人特点和离球、离篮的远近），抢占有利位置，积极移动，进行抢、堵，控制对手的行动，同时破坏对方进攻配合。半场人盯人防守分松动和扩大两种形式。一般来说，对外围中投不太准而篮下攻击力量较强的对手，采用“松动”形式，反之则采用“扩大”形式。

（2）全场人盯人防守战术配合

全场人盯人防守是一种积极主动、富有攻击性的防御战术。在进攻转入防守后，立即在全场积极地阻挠对手移动、接球和投篮。这种战术不但能破坏对方有组织、有计划的战术配合，提高比赛速度，而且能促使对方失误。目前，常用的全场紧逼人盯人防守队形有“1—2—1—1”“2—1—2”“2—2—1”等。

第二节 排球

排球运动是一项两队对抗，每队 6 人，分两排站位，以中间球网为界，根据规则以身体任何部位击球过网而决定胜负的球类运动。

1895 年排球运动由美国人威廉·摩根发明，最初是在室内球网两边用篮球胆拍来拍去使球不落地的一种游戏，取名 Volleyball，意为“空中飞球”。排球运动经历了多种发展形式，最初为 16 人制排球（每排 4 人，按 4 排站位），后来发展演变成 12 人制排球（每排 4 人，分 3 排站位）和 9 人制排球（每排 3 人，分 3 排站位），以及至今的 6 人制排球。因为它是按排站位打球的，所以中国人称之为排球。

1947 年 4 月，国际排球联合会在法国巴黎成立，现在已成为拥有 178 个会员国的体育组织。1949 年首届世界排球锦标赛在布拉格举行。1964 年排球运动被正式列为奥运会比赛项目。目前世界性的比赛有：世界排球锦标赛、世界杯排球赛、奥运会排球赛和世界排球联赛。

一、排球基本技术和练习方法

排球技术有两种：一种是有球技术，包括传球、垫球、扣球、发球和拦网；另一种是无球技术，包括准备姿势、移动、起跳及各种掩护动作等。

（一）准备姿势和移动

准备姿势和移动是排球运动中各项技术的基础技术。任何一项排球技术在比赛中运用的效果，在很大程度上取决于准备姿势和移动技术。

1. 准备姿势

两脚支撑的位置：两脚左右开立，略比肩宽。站左半场的队员，左脚在前（约一只脚的距离），右脚在后；站右半场的队员，右脚在前，左脚在后；站在场中央的队员，两脚平行开立比肩稍宽。

身体基本姿势：双目注视来球，两膝弯曲并内扣，膝部的垂直面超出脚尖，脚跟提起，身体重心的着力点在前脚掌拇趾根部，上身稍微前倾，两肩的垂直面超出膝部。手的位置：两臂自然弯曲，并置于胸腹之间，两手心相对，手指自然张开。

2. 移动

移动是接好球的重要前提条件。无论任何方向的来球，身体都必须面对来球方向。因此，要尽快地移动取得好位置，做好接球前的准备姿势。通常采用的几种移动步法是：滑步、交叉步、跨步、跨跳步、跑步、后退步等。

3. 练习方法

(1)学生集体做准备姿势,强调两脚的位置;

(2)原地跑或慢跑中,看教师发出的信号,迅速做准备姿势;

(3)学生在准备姿势的基础上,看教师手势做向前、后、左移动;

(4)两人一组,一人抛球一人按步法要求移动接球;

(5)各种形式的移动接力。

(二)发球

发球是比赛的正式开始，同时也是进攻的开始。现代的发球技术已越来越具有强大的攻击能力。攻击力强的发球不但可以直接得分,而且可以破坏对方的接发球,削弱其进攻威力,减轻我方的防守压力,还可以取得比赛的主动权。

1. 基本技术

所有发球技术的动作结构是相同的，但根据不同的发球技术又有不同的技术特点。发球技术的动作结构可以分为准备姿势、抛球、击球手形、挥臂击球四个技术环节。发球的种类很多，不管采用哪一种发球，要想把球发好，必须注意以下几点。第一,抛球稳：抛球是基础，要求掌心向上平稳地把球抛起。每次抛球的高度和身体的距离应基本固定。第二，挥臂快：手臂的挥动速度与球飞行速度成正比，手臂挥动越快,则球的速度越快。第三,击球准:用力方向必须和所要发出球的方向一致。第四,正确的手法：击球手法不同，发出球的性能也不同。不同的发球种类应使用不同的击球方法。

(1)正面下手发球

这种发球简单易学,失误率较小,但速度慢,力量小,攻击性差,多适用于初学者。发球前,面对球网,两脚前后站立,左脚在前,右脚在后,两膝微屈,上身前倾,左手持球置于腹前,右臂自然下垂。发球时,左手将球在体前右侧抛起,离手 20~30 厘米。在抛球的同时,右臂向后摆动。击球时,右脚蹬地,身体重心前移,右臂伸直,以肩为轴,向前摆动到腹前,用虎口或掌根击球的后下部。随着击球动作重心前移,迅速入场。

(2)侧面下手发球

①准备姿势：左肩对网站立，两脚左右开立，与肩同宽，两膝微屈，上身稍前倾，重心落在两脚间或稍偏右脚,左手持球置于腹前。

②抛球：左手将球抛至胸前,约离身体一臂之远。

③击球：在抛球的同时，右臂摆至右侧后下方，手指微屈而紧张，利用右脚蹬地和向左转体的力量，带动右臂向前摆动，在腹前用全掌击球的后中下部，将球击出。

击球时，手臂要伸直，眼睛要看球。

（3）正面上手飘球

发球前在发球区选好位置，面对球网站立，左脚在前，右脚在后，重心落在后脚上。左手持球置于胸前，观察对方的站位布局，选定最佳落点。

发球时左手将球平稳地向右肩的前上方抛起，高度适中。在抛球的同时，右臂抬起，并屈肘后引，五指并拢，指尖朝上，手腕需保持一定的紧张度。

击球时利用蹬地转体的动作带动手臂有力地向前上方挥动，重心随之移至左脚，以手掌根击球的后中下部，击球的力量要集中、迅猛，击球的作用力通过球的重心使球不旋转地向前飞行，击球结束时手臂要有突停动作。击球后，右脚随着击球动作自然前移，迅速进场。

（4）勾手大力发球

这种发球的特点是力量大，弧度平。由于球向前旋转，从而加快了球的下落速度，容易造成对方措手不及，有较强的攻击性，但这种发球需要很好的体力，技术要求高，掌握不好容易造成发球失误。

发球前左肩对网站立，两脚开立与肩同宽，两膝微屈，重心落在脚与脚之间。双手持球于腹前。发球时，双手将球平稳地抛至头的左前上方，高约1米。在抛球的同时，右腿稍屈，重心移至右脚，上身向右倾斜并转动，同时右臂向右后倾摆动，抬头看球。随着右腿用力蹬地，利用挺胸及转体的动作带动手臂向上挥击。

击球时迅速收胸、收腹、转体，身体的重心移至左脚。击球的手臂要伸直，并要协调、自然地向上做弧形摆动，击球的手掌应放松，用全掌击中球的后下部，并利用手腕的推压动作使球向前旋转。球发出后，顺势迅速进场。

2. 练习方法

（1）徒手练习。按照动作方法要领，让队员做徒手模仿练习，或做击固定球练习。

（2）抛球练习。右手持球练习向上抛起（掌心向上，平稳抛起，球不旋转）。根据发球的性能，抛球的高度和落点要合适。

（3）两人一组短距离不上网对发。

（4）抛击配合练习。近距离对墙发球，体会发球时抛球与击球的配合。

（5）上网发球。两人一组隔网对发，距离由近到远，直至发球区内。体会击球用力和动作连续性。

（6）分两组端线后发球比赛，看哪一组积分多。

（三）垫球

垫球是排球的基本技术之一，是接对方进攻性击球的主要技术动作，是组织进攻和反攻战术的基础。因此，提高垫球技术的熟练程度和运用能力是争取胜利的重要条件。

1. 基本技术

（1）正面双手垫球

正面双手垫球适合接速度快、弧度平、力量大、落点低的各种来球，在接发球和后排防守时广泛采用，是各项垫球技术的基础。

①准备姿势：做好准备姿势，迅速判断，及时移动，正面对准来球方向。②击球手形：两手掌根紧靠，两手手指重叠合掌互握，两拇指平行。两臂自然伸直，手腕下压，小臂外展靠拢，手腕关节以上的前臂形成一个垫击的平面。③击球动作：击球时，蹬腿提腰，含胸提肩，压腕抬臂等动作密切配合，手臂迅速插入球下，将球准确地垫在手腕以上 10 厘米的小臂上。击球时，两臂保持平衡固定，身体和两臂自然地随球伴送，以便很好地控制球的落点和方向。④手臂角度：手臂角度对控制球的方向、弧度和落点有很大影响，应根据垫球距离和入射角等于反射角的原理加以调整。

正面双手垫球应掌握插、夹、提三个动作要领。插：两臂伸直，插到球下。夹：两臂夹紧，含胸收肩，用两前臂的平面击球。提：提肩送臂，身体重心随出球方向前移。垫击过程中要做好移、蹬、跟三个环节。移：快速移动，对准来球。蹬：支撑平稳，两腿蹬起。跟：随用力方向，腰紧跟。

（2）体侧垫球

来球飞向体侧而来不及移动对正来球时，要采用侧垫。侧垫时切忌随球伸臂，这样会造成球蹭手而向侧方飞出，应先用两臂到侧方截击来球。还应注意两臂不要发生弯曲，以保持击球平面，否则会因手臂不直或两臂间距离太大而垫不好球。

（3）背垫

背垫就是背向出球方向击球。背垫时，要清楚出球的方向、距离。用力时，要抬头后仰，两臂伸直向后扬臂。

2. 练习方法

（1）徒手模仿。先做原地垫击模仿动作，然后做徒手移动后垫击模仿动作。

（2）垫固定球。一人双手持球于胸前，另一人原地或移动后用垫球动作击球，体会手臂击球部位和全身协调用力。

（3）两人一组，一抛一垫。两人距离由近到远，先是一人抛，一人原地垫，然后是一人抛，一人移动垫。

(4)对墙连续自垫。对墙垫时，要求手臂角度固定，用力适当，控制球的高度，用蹬腿动作发力，注意控制身体协调用力。

(5)转换方向垫。三人一组成三角形，一人抛球，一人变方向垫球，另一人接球或传球给抛球者，循环往复。

(6)二人相距7~8米，一发一垫。

(7)二人相距5~6米，第一次把球垂直垫起，第二次把球垫给对方，连续进行。

(8)三人一组相隔10米以上，一发一垫一调，做若干次轮转。

(四)传球

传球是用手指和手腕的弹力进行上手击球的技术动作，是排球最基本也是最原始的击球方法。在比赛中主要用于衔接防守和进攻。可广泛用于接发球、二传等。

1. 基本技术

传球的方式很多，有正面传球、背传、侧传、跳传。其技术环节可分为：准备姿势、迎球、击球点、手形、击球时的用力几个部分。

(1)双手正面传球

准备姿势：正面对准来球，两脚开立，比肩宽，一脚在前，两脚尖适当内收，脚跟稍提起，两膝稍屈。两肩放松，眼睛注视前方来球，两手自然弯置于胸腹前。手形：两手手指自然张开，掌心相对，手指微屈成半球状，手腕稍后仰，以拇指、食指、中指托住球的后下部，无名指和小指在两侧辅助控制传球的方向。拇指相对成一字形或八字形置于额前。

击球时的用力：传球时，利用蹬地、伸膝、展体和伸臂的动作，以拇指、食指、中指发力，无名指和小指控制住球的方向。触球的瞬间，手指和手腕应保持一定的紧张程度，用手指和手腕的弹力以及身体和手臂的协调力量将球传出，用力一定要协调一致。传球距离较近时，手指、手腕的弹力较多；传球距离较远时，必须加强蹬地展体的力量。

(2)背传

背传是传球的基本方法之一。在比赛过程中，使用背传技术往往能达到出其不意、迷惑对方的目的，使战术多样化。

准备姿势：上身比正面传球时稍直立，身体重心稳定在两脚之间，双手自然抬起，放松置于脸前。

迎球：双手上举，挺胸，掌心稍向上，手腕稍后仰。

击球点：保持在额上方。

手形：与正面传球相同，拇指托球的后下部。

击球时的用力：利用蹬地、上身后仰、挺胸、展腹、抬臂及手腕和手指的弹力将球向身体后上方送出。

（3）侧传

身体不转动，主要靠双臂向侧方伸展的传球动作叫侧传。侧传有一定的隐蔽性。侧传的准备姿势、迎球动作与正面传球相同，击球点保持在脸前或稍偏于出球方向一侧。传球手势与正面传球相同，但倾向出球一侧的手臂要低一些，另一侧则要高一些。用力时，蹬地后上身要向出球方向倾斜，双臂向传出一侧用力伸展，异侧手臂动作幅度较大、伸展较快。

（4）跳传

跳起在空中做传球动作叫跳传。跳传有原地跳、助跑跳、双足跳、单足跳等动作。起跳最好是向上垂直起跳，不宜向前或向侧冲跳。起跳的关键点是掌握好起跳时机，起跳过早或过晚都会影响传球的质量。

起跳后双臂上摆至脸前，身体在空中保持平衡。当身体上升到最高点时，靠伸臂动作和手腕、手指的弹力将球传出。

2. 练习方法

（1）徒手模仿传球动作。做好准备姿势，蹬地、伸臂，模仿传球推击动作，领悟整个动作过程。

（2）体会击球点与手姿。每人一球按照传球的击球点与手形，摆在额前，然后另一人将球拿掉，看手姿是否正确，击球点位置是否合适。

（3）传球的协调用力。两人一组，持球人拿球在合适的击球点做好传球的手形，另一人用单手压着球，持球者用传球动作向上推送球，体会全身协调用力。

（4）贴墙传球。每人一球，贴墙站立，用传球手姿拿好球，肘关节贴墙，用传球动作向墙传球，体会传球手形、击球点和手指、手腕的传球用力。

（5）对墙传球。距离由近至远，体会传球用力。

（6）向上自传。个人进行，先原地传，后移动传；先传低球，后一高一低传。

（7）两人一组，一人抛球，另一人传球。先抛准球，让传球人原地传；后两侧抛球，让传球人移动传。

（8）两人对传。可以一固定，一移动，或自传一次，再传给对方等。

（9）跑动传球。三人或三人以上成纵队跑动传球。

二、排球基本战术

战术是指比赛双方运用进攻与防守的对抗,并结合实际临场变化,合理地运用技术,有组织、有针对性地配合行动。一个球队的战术水平往往反映着该球队的技术水平,因为只有全面、准确、熟练地掌握了基本技术,才可能形成战术。排球基本战术分为个人战术和集体战术两种。

(一)阵容配备

阵容配备是合理地搭配本队队员的一种组织手段。阵容配备有三种形式。“三三”配备:由三名进攻队员和三名二传队员组成,此种形式的战术形式简单,攻击力弱,适合初学者。

“四二”配备:由两名主攻队员,两名副攻队员和两名二传队员组成。队员分别对角站立。这种阵容配备便于采用“中一二”和“边一二”进攻战术。前排始终保持两名进攻队员和一名二传队员,这样能够组织多种战术配合,充分发挥本队的进攻力量。

“五一”配备:由一名二传队员和五名进攻队员组成。这种配备形式攻击力强,能组织多种战术体系。二传队员在前排时,能组织“中一二”“边一二”进攻战术。二传队员在后排时,可采用插上战术,保持前排三点进攻。具有一定水平的球队多采用此种阵容配备。

(二)交换位置

为了解决某些轮次进攻和防守力量的搭配及阵容配备上的某些缺陷,以便有效地组织攻防战术,规则允许在发球击球后,双方队员可以在本场区内任意交换位置。交换位置的主要目的是充分发挥每个队员的专长,以取得扬长避短的效果。前排队员之间的换位,主要是便于进攻战术的实施和拦网实力的调整。前后排队员之间的换位,主要是为了保持前排三点进攻。后排队员之间换位,是为了加强后排重点部位的防守。

(三)信号联系

排球运动是一个集体项目,在实现快速多变的进攻战术时,必须通过信号联系才能进行统一行动。一个球队的战术信息力求简单、清晰、明了。

语言联系:使用语言直接进行联系。

手势信号:通过事先约定的各种手势,进行规定的战术配合。

落点信号:根据起球后的落点,作为发动某种进攻的信号。

综合信号:以手势信号为主,辅以落点信号、语言信号以及教练员的暗示等。

（四）“自由人”运用

合理地选择并运用“自由人”是战术运用的一个方面。“自由人”专注接发球和后排防守，其上下场之间只需经过一次发球比赛过程，换人不计为正规换人次数，且次数不限。因此，选择接发球和后排防守技术高超的队员作为“自由人”，能大大提高全队的防守水平。“自由人”可在当前排进攻、拦网队员体力下降需要休息，并轮到后排时替换上去。所以，合理地运用“自由人”能大大提高全队的进攻水平。

第三节 形体训练

形体训练是以身体练习为基本手段，匀称和谐地发展人体，塑造体型，培养正确优美的姿态和动作，增强体质，促进人体形态更加优美的一种运动方式。形体艺术训练则是以人体科学为基础的形体动作训练，是以提高练习者形体的灵活性和艺术表现力为目的的形体技巧训练。它既注重外在美的训练，又注重内在美的陶冶。练习者在旋律优美的乐曲伴奏下，经常性地进行形体艺术训练，可使身心得到全面发展，有利于培养健美的体态和高雅的气质，使其形体更富有艺术魅力。

形体训练内容丰富，形式多样，从运动方式来看，其训练内容可分为：徒手练习、持轻器械练习、专门器械上练习三大部分。其中徒手练习又分为：基本姿态练习、基本动作练习、把杆练习。

一、人体运动的方位与方向

（一）基本方向

人体运动的基本方向是根据人体直立时的基本方向确定的。

向前：朝着胸部所对的方向运动。

向后：朝着背部所对的方向运动。

向侧：朝着肩侧所对的方向运动。

向上：朝着动作开始时头部所对的方向运动。

向下：朝着脚底所对的方向运动。

（二）中间方向

中间方向是指两个基本方向之间45°的方向，主要说明上、下肢动作的方向。

（1）前、后与上、下基本方向之间45°的方向构成的中间方向

前上：手臂前举与上举之间45°的方向。

前下：手臂前举与下垂之间45° 的方向。

后上：手臂后举与上举之间45° 的方向。

后下：手臂后举与下垂之间45° 的方向。

（2）侧与上、下基本方向之间45° 的方向构成的中间方向

侧上：手臂侧举与上举之间45° 的方向。

侧下：手臂侧举与下垂之间45° 的方向。

（3）侧与前、后基本方向之间45° 的方向构成的中间方向

侧前：手臂侧举与前举之间45° 的方向。

侧后：手臂后举与下垂之间45° 的方向。

（三）斜方向

斜方向是指两个中间方向之间的45° 方向。

前斜上：前上与侧上之间45° 的方向。

前斜下：前下与侧下之间45° 的方向。

后斜上：后上与侧上之间45° 的方向。

后斜下：后下与侧下之间45° 的方向。

（四）四肢相对的方向

向内：四肢由两侧向中线的运动。

向外：四肢由中线向两侧的运动。

同向：不同肢体向同一方向运动。

反向：两个肢体向相反方向运动。

（五）场地的基本方位

为了能准确说明练习者在场地上的运动方向，通常把开始确定的某一边（主席台）定位为基本方位的“1点”。按照顺时针方向，每45° 为一个基本方位，将场地划分为8个基本方位。1点：正前方；2点：右前方；3点：右侧方；4点：右后方；5点：正后方；6点：左后方；7点：左侧方；8点：左前方。

二、形体训练的基本动作

形体训练的基本动作是进行形体练习的基础保证，它在形体锻炼中起着非常重要的作用。形体基本姿态的训练，是以人体科学为基础的形体姿态训练，是对练习者身体形态进行的基础、系统的专门训练。练习者通过对身体各个部位形态的基本训

练，可适度改变身体形态的原始状态，提高形体动作的灵活性和优美性，还能增强站姿、坐姿、走姿及姿态动作的规范和美感。

（一）脚和腿的基本动作

1. 自然站立

站立是最基本、最重要的基本姿态，也是形态训练中最基础的内容。正确的站姿训练，可以改变练习者身体形态的原始状态，使其站立的姿态优美、端庄。

动作做法：两脚跟并拢，脚尖分开 15~20 厘米的距离，身体重心落在两脚之间；臀部肌肉收紧，收腹立腰，挺胸，颈部伸直，抬头并略收下颌，两臂自然下垂，手略呈圆形，表情自然。

2. 开立

在进行上肢练习的过程中，大多数时间需要练习者时刻保持两腿开立的姿势，以便稳定身体的重心。开立是在自然站立的基础上，调整两脚之间的距离。

动作做法：两脚向侧分开站立，两脚开度大约与肩同宽；脊背挺直，挺胸立腰，收腹提臀；注意保持身体的重心向上，保持双肩的下沉。

3. 脚点地立

进行脚点地立的各种练习，是练习者在身体重心置于单脚时，有效提高身体稳定性和控制力的一种锻炼方式，重点强调身体的有效控制和上肢基本姿态的保持。

动作方法：一脚站立，另一脚向前、向侧、向后伸出，脚尖点地。注意向前、后点地时需脚尖绷直、脚面朝外；向侧点地时脚尖绷直、脚面朝上。

4. 芭蕾舞脚位

动作做法：

一位脚：两脚跟并拢，脚尖向外侧打开，两脚成一横线。

二位脚：两脚跟相对，左右分开相距一脚，脚尖向两侧打开成一横线。

三位脚：脚尖向外侧打开，前脚外侧与后脚内侧重叠一半站立。

四位脚：两脚尖向外侧打开，前后平行，两脚间距离约一脚。

五位脚：两脚尖向外侧打开，前后平行重叠相靠。

（二）手臂的基本动作

1. 两臂同方向的举

前举：两臂前举至水平，同肩宽，掌心向下、向上或相对。

侧举：两臂向两侧抬起至水平，掌心向上、向下或向前。

上举：两臂上举至垂直部位，掌心向前或相对。

前上举：两臂向前抬起至前上 45° 方向，掌心向上或向下。

前下举：两臂向前抬起至前下 45° 方向，掌心向上或向下。

侧上举：两臂向各自的侧方抬起至侧上 45° 方向，掌心向上或向下。

2. 两臂不同方向的举

一臂前举，另一臂前上举。

一臂前上举，另一臂后下举。

一臂侧上举，另一臂侧下举。

一臂后上举，另一臂前下举。

动作要求：所有手臂举的动作方向要正，部位要准确，手臂必须伸直，肩部放松，身体姿势同站立动作的基本要求。

3. 芭蕾手臂的基本位置

一位：两臂于体前成弧形，掌心向内，指尖相对，手臂稍离开身体。

二位：两臂保持弧形前举，稍低于水平位置，掌心向内，指尖相对。

三位：两臂保持弧形上举，位置稍偏前，掌心向内。

四位：两臂成弧形，一臂上举，一臂前举。

五位：两臂成弧形，一臂上举，一臂侧举。

六位：两臂成弧形，一臂前举，一臂侧举。

七位：两臂成弧形侧举，掌心向前。

第六章　大学生体育训练教学的思考

第一节　大学生课余体育训练的动机分析

作为高等学校的体育课，无论是必修的运动项目课，还是选修的健身活动，都不能只通过课堂教学来完成学习任务，必须要有大量的课余训练，才能培养学生正确的体育与健康理念。健康的意义涵盖了生理、心理和社会适应等多个方面，健康是人的一生中不该失却的财富，参与锻炼是每个学生拥有的权利，要在锻炼中体验到参与的乐趣，在乐趣中培养爱好运动的兴趣，由兴趣形成积极锻炼的习惯，才能有健康的身心素质，才能有担负社会重任的能力。积极地发现学生课余体育锻炼的动机，才能正确地因材施教，科学地组织体育教学。本节就是对高校学生课余体育锻炼的心理动机进行研究和探讨。

一、高校学生课外体育训练或活动动机现状的分析

从现行的高校体育教学实践来看，学生必修的体育项目和选修的健身活动对学生参加课外体育活动没有显著的影响。第一，只有很少数学生把参与课外的体育活动作为必修课程，教学内容的继续巩固和选修科目有机的练习，也就是学生在参加课外体育训练或活动的过程中，没有主观的、自我的学习动机，只是简单的娱乐或为参加比赛而进行的训练。第二，一般的课外体育训练和活动的组织者，不考虑体育教学的同步练习和技能培养，只是作为知识课程学习之外的脑力劳动和体力活动的调整，从课外体育活动的组织角度来看，其动机不是课堂教学或专项体育项目学习的延伸。第三，课余体育活动大多数属于娱乐活动类的集体活动，单向存在专项技能自我巩固的很少，有的学校或班级的课外体育活动不仅千篇一律而且重复性很强。第四，处于健美瘦身的心理需求，女生参加健美操之类的活动较多，男生则侧重于球类运动，参与体育活动的动机跟体育课程的学习巩固无关。

二、健身休闲动机促使学生参与课外体育活动

近几年，在校园、社区的街头公园以及多数的居民家庭和农村广场，健身器材越来越多，体育与健美、运动与健康的理念深入人心。例如，广场舞风靡一时，络绎不

衰，适应了人们健美、减肥的心理需求。同时，在去参加广场舞的过程中，穿梭街道公园、林荫小路，犹如旅游，休闲散心，悠然自乐。高等学校不是一个封闭的场所，它是开放的文化载体，健美、休闲的从众心理同样也对大学生产生了积极的影响，一些学生利用课余时间学习交际舞，到校园的健身广场散步，或者组织同伴去登山，组织自行车比赛等，其参与活动和组织活动的基本动机都是休闲和健身，有的是为了排解不良情绪。良好的情绪，如欢乐、愉快、高兴、喜悦等，使人精力集中，记忆力增强，思维敏捷、动作协调，从而提高学习效率，保持身心健康。拥有良好的情绪，就会心情舒畅、平静、祥和、心理开朗，既增强机体的活力和抵抗力，又提高免疫力，有助于人的健康。因此，当愤怒、烦躁或者与人产生矛盾、发生争执的时候，就可以到处走走或者到运动场对着墙疯狂地踢一阵足球，或者对着沙袋发泄一通；也可以跳入游泳池，来一个 50 m 冲刺，通过运动，尽可能地消耗体能，达到精疲力竭，在能量的消耗过程中，不良情绪也被释放、发泄、疏导了。研究表明，体育锻炼是消除不良情绪的有效方法和手段。总之，健美和休闲意识是多数大学生参与课外体育活动或训练的主要动机，教师在教育教学的过程中，发现和掌握这个心理规律，可以有意识地进行指导，把学生朴素的健美、休闲动机意识，进行科学的规范。

三、社会交际交往动机促使学生参与课外体育活动

学生的课外体育活动多数发生在户外人群较为密集的集散地，在参与活动的过程中，会有更多机会结交新朋友，获得更多的理解和支持。大学生走向社会后，不是进入与世隔绝的世外桃源，生活、事业中需要别人帮助、支持和理解的时候很多，因此，要学会处理人与人之间的关系，增强交际能力，具备与人交往的基本能力。在课余时间，爱好打篮球的大学生可以把伙伴们集合到篮球场，爱好游泳的同学可以集体结伴去游泳等。在组织活动、参与活动中，需要指挥、需要引导、需要服从等，在简单的语言交流中，可以结识更多志趣相投的朋友，或者是不同系的，或者是不同班级的；由于共同的爱好，素不相识的人能够成为无话不谈的好朋友；大家一起参加活动，分享活动的乐趣。为了结交新朋友或者把体育锻炼的技能分享给朋友等都是参加课外体育活动的目的和动机，在参与活动的过程中，通过与他人频繁的接触，缩短相互之间的距离，还可以得到更多的支持，相互鼓励、相互信任、相互合作。健身场地、运动场和游泳池等地方，是结识新朋友的场所，为学生创造了解他人、尊重他人以及被别人理解、尊重和支持的机会，大家可以在尽情的欢乐中释放热情，获得友谊。在大学校园，学生人际交往在课余时间或课外活动时间进行，课外体育活动又是常见的课余活动，掌握一项体育运动技能，就相当于掌握了一种与他人交往的手段，

这将极大地提升个人的人格魅力，增强人际亲和度。课余体育运动与音乐、美术、摄影、游戏一样，会促使你虚心向别人请教，进而学习更多的本领，在与他人切磋技艺的过程中，获得有益的启示，在与他人交谈活动经验的时候，把体育活动变成了熟练的社交活动。通过运动技能的合作与配合，相互之间建立了情感，增进了了解。

四、心理放松法促使学生参与课外体育活动

在现代社会的大学校园，大学生们都有手机，都热衷于网上的生活和活动，随着社会竞争和生活压力的增加，大学生们普遍产生就业迷茫、学习迷茫或者压抑、悲观等消极状态，在互联网的自娱自乐和苟且得安的过程中，学生们处于长期自我封闭的心理活动之中，人与人之间缺乏情感交流，从而产生隔阂、精神空虚和多种心理障碍。因此，多数学生学习任务重，学习时间长，或者网络游戏造成的不注意休息、熬夜，导致睡眠不足等，引起了慢性疲劳、情绪不稳、植物神经紊乱等，形成了性格不开朗、心胸狭窄、敏感多虑、胆怯多疑、急躁慌乱、多愁善感、自信心不足、自制力较差等不健康心理。通常在这种情况下，多数学生会选择一些户外的体育活动，来放松身心疲劳，常见的有池塘边的散步，运动场上的载歌载舞，与同伴一起去登山等。教师在教育教学过程中，要注重发现学生的心理动机，把握机会，最大限度地组织集体课外体育活动，使学生得到尽情的放松，精神得到振奋，使不良的心理、情绪得到排遣和放松，有助于学生恢复体力、消除疲劳、稳定情绪。一般组织简便易行的体育活动，尽量做到最大的娱乐性心理放松。

学生参与课外体育活动的动机是不同的，每种动机都有每种活动的收获，在教育教学过程中，教师要根据体育教学的实际需要，掌握和利用学生参与课外体育活动的各种动机，组织有益的针对性较强的课外体育活动，一来有利于课堂体育教学的延伸、巩固和发展，二来能够提高学生参与活动的积极性和主动性，提高教学质量和育人效果。

第二节　体育拓展训练课程教学

首先，概念。针对拓展训练而言，通过自然地域、体育设备，提供参与者体验感，进而感悟拓展训练蕴藏的体育理念。再反思获取知识，通过行为改变，培养良好心理品质，提升综合素质动态教育模式。在高校体育课程中，拓展训练是处于特定环境条件、设定情景之中，通过身体活动载体，提升学生心理、社会、身体状况，健全人格体验式学习模式。

其次，特点。其一，综合活动。针对拓展训练项目，以体能活动为引导，引发意志、

交往、情感与认知活动，具备明确操作过程，提高学员全身投入，具有综合活动特点。其二，挑战极限。针对拓展训练项目，具备一定难度，主要为心理考验表现，向学员提出更高极限挑战。其三，个体体现。在拓展训练中，主要为分组活动，提倡集体合作，进而体现机体个性。其四，争乎荣誉。在集体活动中，汲取巨大信息、力量，发挥所有个性特长。其五，高峰体验。为克服困难，达到课程要求，获取内心胜利感与荣誉感，使人达到高峰体验。

一、高校体育拓展训练课程教学的必要性

21 世纪是一个人才型、技能型、竞争型社会，人才素质要求越来越高，为适应社会经济变化，在高等教育中，以社会职业需求为目标定位，培养满足技术型、应用型的职业综合人才。针对素质教育，全面提升学生知识结构、综合能力。而拓展训练作为人才培养的必然选择，在满足高校拓展训练教学，学生掌握基础技能、理论知识的同时，还需培养学生合作探究、自主学习能力，提升学生解决、分析问题能力，进而树立正确价值观与情感观，促进高校和谐发展与学生全面发展。

二、高校体育拓展训练课程教学的优化对策

(1)课程目标。提升学生实践、创新能力，促进与学生生活、科技发展的有机联系，提倡交流合作与主动参与，进而改进学习方式，同时在动手、动脑过程中，使学生潜能得以充分开发，进而满足全面主动发展。

(2)教学设计原则。针对拓展训练内容，在内容选择上，应遵循适应性与全面性、针对性与安全性原则。针对拓展训练，特有心理挑战、活动未知性、器械特殊性，均存在一定风险性。因此，在教学设计中，需将心理、身体安全放在首位，在教学课程设计中，安全是第一设计原则。同时，教学设计针对性是指拓展训练内容选择上，需结合学生专业特点与自身特点，合理选择学校特点与场地器材，确保每个学生参与其中，进而有所提升。另外，拓展训练作为体育课程，遵循这些原则，树立社会适应、心理健康等目标，应使拓展训练价值得以充分发挥。

(3)课程基本内容。按照拓展训练的组织形式与特点和高校师资、财力物力、场地设施等实际状况，与实践课、理论课相结合。理论课程，包含体育基本知识、拓展训练目的、训练功能与训练意义，结合运动科学知识，涉及运动损伤保健与安全教育知识。实践课程，包含综合素质训练、基本素质训练。其中基本素质训练可以提升社会适应、心理素质等，使学生潜能得以充分激发，进而提升团队领导能力。综合素质训练，可以提升学生团体意识，强化学生创新、应变能力，进而增强学生组织协调、计划管理能力。

(4)教学条件。其一，师资配备。在拓展训练中，师资配备属于高校课程教学重要条件，在常规体育课程中，拓展训练与其实施环节、教学手段与教学目的，具有诸多相似之处，利用身体活动体验，以此达到相应目的。由于高校体育教师教学经验丰富与综合素质较高，仅需接受简单学习、培训，加强教学方式与理论创新，进而拓展理论储备宽广度，即可胜任拓展训练工作。同时，体育教师奉献精神较强，在拓展训练课程中，需认识设计、科学实施，定期组织教师出外学习与观摩，进而接受拓展培训，使教学效果最大化。其二，场地与器材。针对拓展训练项目，所需场地与器材较为简单，仅需 10m 平坦地训练，即使在雨天，室内也可训练。而器械即矿泉水、乒乓球、废报纸、竹竿等，在教学目标中，可选择多个项目。针对有条件学校，创建拓展基地，提供器材项目，采取市场化运作，有利于基地设施维护，增加学校财力。其三，教学评价。按照拓展训练特点，为提升学生合作、团队意识，在拓展训练中，需采取捆绑式教学，拓展训练可选择教师评定、学生自评与互评方法进行评价。在教师评定中，可从课堂表现、出勤、感悟、交流等方面进行效果评定。

(5)授课时间与授课形式。针对高校体育拓展训练，按照学校实际状况，通过灵活组织形式进行开展，可作为必修课也可作为选修课。安排授课时间时，按照课程需求，选择最合适项目，按照学生兴趣爱好，在节假日、课余时间，组织开展体育拓展训练，也可在军训类课程参与。

总而言之，拓展训练教学作为体育课程，有利于弥补传统教育缺陷，拓展体育课程时间、体育空间，提高体育课程趣味性与实用性，建立五维教学目标，做到健康第一，树立以人为本的拓展训练思想，与体育课程改革相适应。通过制定科学课程目标，遵循教学设计原则，丰富课程基本内容，完善教学条件，从而促进体育拓展训练课程教学发展。

第三节　体育教学和运动训练的协调发展

随着我国国民生活素质的不断提高，国民对生活的追求也发生了很大的转变，目前，体育精神受到民众的一致推崇。因此，高校作为社会人才的主要培养机构，其体育教育也越来越受到社会的广泛关注。另外，由于现在的学习压力以及就业压力增大，绝大多数的大学生都不能够充分地进行身体锻炼，从而出现了视力下降、身体机能下降、不正常的肥胖等问题，大大降低了学生的身体素质，对此，高校应该提高对学生素质教育的重视，注重体育教学与运动训练，使大学生的身体素质得以提高。

一、高校体育教学与运动训练发展中存在的问题

在目前的高校体育教学中，存在教学内容陈旧、教学模式古板的问题，高校在体育教学的过程中只重视学生的成绩，忽视了对学生体育知识教育和一些必备的生活技能的训练。另外，学生普遍对体育课不感兴趣，往往都是为了保证到课率，在期末考试时不会被挂科而去应付老师点到，在老师点到后则会以各种各样的借口拒绝参与体育教学活动，使得体育教学不能正常有效的开展。此外，高校内体育教学方面的师资情况也存在较大的问题。高校对体育教师在学历方面的要求较高，但就我国目前普遍的情况来看，多数体育教师的学历并不能达到这样的要求，这就导致高校出现了体育教师短缺的现象。在这样的情况下，就会出现一位体育教师兼教多个班级的情况，使得教师在教学过程中不能兼顾到每个学生，影响体育教学的质量。

二、高校体育教学和运动训练的区别与联系

从意义上来看，体育教学是指体育教学工作者使用科学、全面的教学方法指导学生进行体育方面的活动训练，并教授学生相关的体育知识。因此体育教学所包含的范围较广。而运动训练则是指针对某项运动进行专项训练，比如学生要参加某一运动项目的比赛，这时就需要通过运动训练来进行有针对性的训练，有效地提高参赛学生的专业素质。因此运动训练是一个范围较小的概念。虽然二者所包含的内容范围有所不同，但是二者是相互补充，融合发展的。

三、促进高校体育教学和运动训练的措施

（一）提高重视，加强管理

高校要想实现体育教学与运动训练的协调发展，就必须加强对体育教育工作的重视，充分认识到体育教育工作的重要性。另外，高校还需要加强内部全体职工的体育教育观念，将体育教育与运动训练协调发展的概念深入每一位职工以及学生心中，从而使全校师生都能够认识到此项工作的重要性。

（二）优化方法，合理教学

我们常说兴趣是最好的老师。目前，大多数高校的体育课都只是徒有形式，其课堂内容并不受学生欢迎，因为教师在进行教学之前并没有充分考虑学生的兴趣爱好与运动需求，这就很难激发学生的积极性。因此，若想要增强学生参与体育教育的积极性，教师就应该对原有的教学方法进行优化，开展合理的体育教学活动。首先，教师可以在体育课堂上设置一些富有挑战性的体育训练项目来吸引学生的注意，还可

以组织学生进行一些有趣的体育活动，从而进一步激发学生的积极性，使学生主动地参与到体育教学与运动训练中来。同时，教师在教学过程中还要注重与学生的沟通交流，以便能够充分了解学生的喜好和需求，这样才能更好地制订符合学生需求的教学计划，提高学生学习的主动性。

（三）增强师资，安全教学

无论是哪一门学科，教师的综合素质对整个教育工作来说都是极为重要的，体育教学也不例外。因此，想要保证高校的体育教学工作取得良好的效果，就必须先保证体育教学老师的综合素质。因此，高校必须加强对体育教师队伍的建设，使体育教师树立正确的教学观念，具备高尚的道德品质。由于体育教学与运动训练大都是在室外或是体育馆进行，存在一定的风险因素，因此，教师在进行教学时，还要注重对学生安全意识的培养，教给学生一些处理紧急状况的方法，提高学生面对危险状况的应对能力。

综上所述，就目前的情况而言，高等院校的体育教学中普遍存在课程质量不高、对体育教学缺乏重视、教学内容不全面、师资力量薄弱等问题，严重影响了高校体育教学与运动训练的协调发展。而要改变这样的现状，高校就必须加强对全体师生体育教育观念的培养、师资队伍的建设以及相关制度的完善。这样才能有效提升高校体育教育工作的质量，从而进一步促进高校体育教学与运动训练的协调发展。

第四节 大学体育耐久跑的教学与训练

耐久跑作为体育教学非常重要的内容，对于培养学生坚持不懈、耐久品质具有非常重要的作用。但是大学生体育耐久跑教学中出现了很多问题，本节针对这些问题进行分析，提出一些解决策略，期望对于大学体育耐久跑教学有所裨益。

一、大学体育耐久跑锻炼的必要性

（一）可增强身心健康

耐久跑作为大学体育教学非常重要的一项内容，其不仅具有强身健体的功能，而且能培养学生吃苦耐劳的品质。耐久跑除了可以锻炼大学生强健的体魄，同时还能够培养学生的抗压能力。大学生毕业后就会面对外界激烈的竞争压力，要求大学生必须要具备较高的耐受能力。耐久跑教学则可以锻炼学生们的耐力和坚持品质。大学阶段学生们很多都是处于自学、自己研究状态，通过耐久跑培养学生的坚持不懈品格，将有利于大学生的后期发展。

（二）可消除学生厌学情绪

大学学习中有很多学生始终处于散漫状态，甚至有一些学生出现了厌学情绪，而耐久跑有助于改善这种不良情绪。另外大学师生之间的沟通不多，造成了学生在学习过程中不愿意学习，教师教学过程中也就缺乏了耐久跑教学积极性。耐久跑可以充实学生们的生活，使得学生们在锻炼的过程中学习到事事必须坚持，让学生们懂得只有不断坚持才能获得成功。

（三）可改善大学体育锻炼不良之风

大学体育耐力跑锻炼不仅可以达到对学生的身体素质培养的目的，还可以实现对学生的思想品德培养，有利于促进大学体育的长远发展。大学体育教学中本身就缺乏一定的严格规范，很多学生在锻炼过程中时常出现懒散、态度不端正问题，从而形成了大学体育锻炼不良之风。耐久跑则可以改善这种不良风气，对学生和教师均是一种严格的考验。

二、提高高校耐久跑教学训练策略

（一）加强思想建设促进学生兴趣构建

目前的大学生在体育锻炼中也形成了畏难情绪，教学中若要提升高校耐久跑教学训练水平，必须从学生兴趣着手，积极提升学生学习耐久跑兴趣，让更多学生参与到耐久跑训练之中。高校应该通过学校交流平台，大力宣传耐久跑的优点，吸引更多人参与耐久跑运动。同时还要加强学生和教师的思想改革，让师生意识到耐久跑的巨大意义和重要性。

（二）创新教学方法和改良教学内容

传统耐久跑教学比较枯燥乏味，教学方法更是单一，难以让学生提起学习兴趣。因此在教学过程中应该积极创新教学方法，并在传统教学内容上进行改良，使学生和教师对耐久跑有新的认识。一般传统教学模式中，学生做完热身运动之后，教师就让学生开跑，如此反复下去学生很容易产生无聊、厌倦等情绪，难以在教学中取得突出效果。高校教师可以借助信息技术或者优秀教案进行教学方法改革，积极改良教学内容，让学生在学习过程中不再无聊，提升学生们学习的兴趣，为促进耐久跑教学助力。

（三）加强师生交流实现多元化发展

通过加强师生之间的交流来促进教学多元化发展，教师利用授课时间或者课余时间和学生们进行交流，对于学生们的意见和想法进行总结，在今后的教学中注意做出针对性改变。如此进行教学才能满足学生们的要求，毕竟学生才是主体，只有学生取得了优秀的成绩，才说明教师的教学有效，教师的教学水平高。根据学生的需求做出相应改变，同时还应尽量考虑教学的现状和教学条件，尽可能地为学生提供满意的教学服务。如今夜跑是非常流行的锻炼方式，大学教学过程中教师也可以借鉴夜跑，让学生们感受到不一样的体育锻炼，进而激发起学生们学习的兴趣。通过师生交流教师获取学生们的真实想法，学生则可以通过交流表达自己的看法，这样教师和学生各取所需，在教学过程中也会积极做出改变。

三、创新训练以及效果评价

耐久跑的训练方法多种多样，一般而言耐久跑比较常用的方法有：走跑交替练习、匀速慢跑练习、轮流领跑练习以及结对跑练习。走跑交替练习时必须按照教师的信号进行练习，如听教师的口令、哨声、掌声等完成走跑练习；还可以在训练中做对角线跑、蛇形跑以及 8 字形跑；还可定距离走跑，如绕足球场跑或者绕田径场跑等。匀速慢跑练习主要是让学生体会到轻松协调跑步，在跑步过程中齐声呼喊口号，直至跑完全程。轮流领跑练习是由 10~20 人一组进行集体跑动训练，排尾加速跑到排头，然后整个队伍如此循环完成跑步练习。结队跑练习则需将班级学生分为几个小组，然后自己讨论跑步方法，按照规定距离全组协调一致进行耐久跑训练。通过耐久跑创新训练，全班 45 名学生，本学期学生成绩 80 分以上 26 名，70~85 分 17 名，70 分以下 2 名，优良率达到了 95.56%。由此可见，学生耐久跑训练效果比较显著，训练过程中学生的成绩得到显著提升。

耐久跑成为大学不太受欢迎的体育锻炼项目，源于耐久跑比较考验人的耐久品格，恰恰很多学生又缺乏这种品格，于是学生在选择科目的时候很少选择耐久跑科目。但是，耐久跑具有很多优点，对于学生有很多益处，如可以增强学生的身心健康、消除厌学情绪以及改善校园不良锻炼之风等。因此，如何加强耐久跑训练，让学生学习到耐久跑精髓将成为大学耐久跑教学的重点。

第五节　大学生体育训练中兴趣的培养

素质教育一直是我国教育的重要内容，它既要求学生具备优秀的成绩又要求学生具备良好的身体素质。因此，高校的体育训练有着非常重要的现实意义，它关系到学生综合素质的增强。但是通过调查发现，目前的大学生体育训练开展得并不顺利，本节将对大学生体育训练的兴趣进行详细的研究，并且找出具体的对策，希望能够提升高校学生体育训练意识和综合素质。

高校大学生的教育一直是我国非常重视的内容，尤其是体育训练这一方面。有的学生到了大学以后往往就忽视了体育训练，甚至经常在体育课上逃课。这充分表明很多学生对体育训练已经失去了兴趣，因此我们必须高度重视大学生体育训练中兴趣的培养。只有对体育训练产生浓厚的兴趣，学生才会更加积极地参与到课堂中。

一、高校大学生体育训练兴趣培养的重要因素

教学环境对大学生兴趣的影响。21 世纪，是知识和经济迅速发展的时代，国家越来越重视教育事业的发展，尤其是大学生的教育。在高校大学生的体育训练中，教学环境有着至关重要的作用，有的高校受到教学环境的限制，如没有足够的体育训练场地、训练设施以及专业的体育训练教师等，因此学校无法给学生营造出良好的体育训练氛围，更无法对学生的体育训练提供足够的物质保证，这使得很多学生丧失了体育训练的兴趣和积极性。

体育教学的内容单一、方式老套。通过调查可以发现，当前很多大学的体育教学内容非常单一，这主要是受体育教学设施的影响。不仅如此，很多体育教师在教学的时候应付了事，设置教学内容的时候没有根据学生的兴趣爱好以及身体素质来进行科学合理的安排，导致了很多学生恐惧体育训练，而且教师的体育训练内容非常单一，教学方式停留在教师指导教学上，缺乏多元化，因而大大降低了大学生体育训练的兴趣。

思想观念落后。体育训练对于学生来说具有非常重要的意义，它能够使学生拥有健康的身体，良好的心理素质，同时还能培养学生坚强不怕困难的意志。但是当前的大学体育训练中，很多学生都失去了体育训练的兴趣，这主要是由于教师和学生对大学体育训练的重视程度不够。而且很多学生在大学生活中将时间更多地放在了玩耍和学习上，生活失去了规律，这就导致了学生身体素质下降，落后的思想观念阻碍了学生参与到大学体育训练中。

师资力量比较弱。师资力量薄弱也是影响高校大学生体育训练兴趣培养的重要因素。高校的体育教学离不开专业的体育教师，教师的教学经验、技术、职业素质、态度等都会对高校大学生体育训练产生较大的影响，因此，想要培养高校大学生体育训练的兴趣，学校方面就应当招聘综合能力较强的体育教师，教师自身也应当时刻保持一种学习的态度，通过教学实践不断完善自己的能力，从中总结经验教训，最终成为一名优秀的大学体育教师。但是，经实践调查发现，有的大学直接忽视了体育教

师的重要性，师资力量十分薄弱，很多体育教师缺乏专业的知识技能，有的甚至没有相关的经验，这就使得学生很难信任体育教师，更无法对体育训练产生浓厚的兴趣。

二、高校大学生培养体育训练兴趣的具体途径

高度重视高校大学生体育训练兴趣的培养。兴趣是一个人的老师，它会激发学生主动进行体育训练的热情，因此各高校应当高度重视大学生体育训练兴趣的培养，加强对体育训练课目的和意义的教育有利于激发学生运动的兴趣，体育训练的目的就是强身健体，教师应当在课堂上将其重要意义告诉给学生，让他们深刻意识到体育训练课的重要性，使其对体育训练产生浓厚的兴趣，并且积极参与到训练当中。总之，高校大学生体育训练有利于培养学生良好的心理素质，促进学生学习以及生活的顺利进行。体育教学与其他科目存在较大的区别，因为大学体育教学注重的是身体上的锻炼，而语数英等更加侧重于思维的训练，而健康的身体和较强的心理素质能够更好地促进学生开拓思维。多样性以及竞赛的刺激性是体育教学的特点，体育教师应当充分利用其特点培养学生体育训练的兴趣，然后通过定期组织体育活动激发学生运动的积极性，让他们感受到团队的作用和运动的快乐。通过这些方式，学生就会逐渐对体育训练产生兴趣，并且自主地进行体育锻炼。兴趣的培养是一个缓慢的过程，如我们可以将游戏融入高校大学体育训练当中。面对当前大学体育训练内容单一的局面，教师们可以适当地将游戏融入体育课堂教学当中，激发学生的兴趣和提高其身体素质。游戏教学能够为单一的体育教学内容增添趣味，并且营造出和谐健康的学习氛围。

引进新的体育器材，完善体育设施。近年来，我国经济呈现出较快的发展趋势，很多学校开始重视高校大学生体育训练，并且投入了大量的资金购买新的体育器材，完善体育设施，这对于培养大学生体育训练的兴趣有极大的作用。人们对体育器材进行了不断的实践和改良，生产出了更安全、方便的器材，大大增加了高校大学生体育锻炼的丰富性和多样性，既培养了大学生体育训练的兴趣又开阔了学生的视野，为学生未来的生活和工作发挥了重要的作用。

适应时代的发展，将信息化技术带入体育课堂教学中。在传统的体育教学中，教师都是通过示范或者直接讲解的方式进行教学的，学生对于体育运动的概念或者相关的规则了解得并不是很详细。随着我国经济的发展，多媒体技术逐渐走进高校体育课堂教学中，切实有效地解决了传统教学方法中方式老套、内容单一的问题，大大提高了高校大学生体育运动的兴趣爱好。例如，教师在讲解排球的时候，可以事先将准备好的视频或者 PPT 展示给学生，然后一边展示一边对比赛的规则进行讲解，当确

定同学们都理解了之后，教师就可以带学生到操场上进行实际的排球操作，然后耐心纠正学生的错误动作，这种方式有利于活跃体育课堂的氛围，激发学生运动的兴趣。

我国高校大学生体育教学关系着学生的身心健康发展，所以教师们一定要认清当前体育教学的现状以及存在的不足之处，努力进行体育教学方式和内容的创新，适当引进新的体育器材，完善体育设施，为国家培养出综合素质人才。

第六节　大学生跆拳道训练体系的构建思路

如今大多数大学生普遍都存在体能下降的趋势，我国心血管患者年龄逐渐年轻化，大学生的健康问题实属令人担忧，培养大学生充足的体能，才能更好地提高其学习效率。通过实践教学，让大学生意识到跆拳道训练可以增强体能，提高身体机能，找出最适合大学生的训练体系，才能为大学生的身心健康发展打下良好的基础。

一、跆拳道对大学生的影响及必要性

跆拳道既可以增强大学生的速度及力量，还可以在训练的过程中使学生增加自信心，增强身体素质，经常进行跆拳道练习，能将胸部扩张，对于规范坐姿也有极大的帮助。体能对于大学生日常的学习生活来说尤为重要，保持大学生良好的心理素质，利用运动的方式纾解压力，不但能够达到健身的效果，还能促进大学生健康成长。

跆拳道是众多武术中最顺应时代要求的教育方式，与其他本着强身健体的健身方式有所不同，跆拳道在加强学生体能训练的同时，将我国的礼仪修养及思想道德教育融入其中，这点需要大学生在日后的跆拳道训练中进行掌握，将跆拳道作为大学生修身养性的体育项目。在大学内部还可以组织跆拳道社，从激发学生的学习欲望着手，有效地锻炼学生的体魄，培养大学生坚持不懈的思想品格。

二、跆拳道训练的基本特点

（一）跆拳道训练的战术形式

跆拳道一般会遵从竞赛的需要，规定的攻击方式主要以脚法为主。在训练的过程中也可以运用拳来进行防守，在进攻时主要用脚法攻击对方被护具保护的胸腹部以及头部。训练时要以利用脚、拳来击碎砖头或木板的方式进行练习，这种方式不仅能够进行日常训练，还被用到升段晋级中来。跆拳道的基本战术形式主要是指为有序完成动作组成的具体方式。利用最基本的技术规律与技术内容相生相克，为构成

丰富的战术形式打下良好的基础。

（1）技术战术主要是指在比赛过程中没有假动作及虚晃的掩护，直接对对方进行直线的进攻方式。比赛者充分利用自己的技术特点及惯用的动作连招，随意变化战术，一步一步的让对手毫无招架之力，进而将比赛的主动权掌握在自己手里，最终取得比赛的胜利。

（2）强攻战术主要是指在对方的严密防守下直接进行攻击的方式，有效地利用强硬的方式进行进攻，做好充分的战术准备，但要清楚强攻也需要战术，力求通过不断的强有力的进攻扰乱对方的视听，不给对手任何机会，实现对对手的有效攻击。

（3）重创战术是指用自己全部的力量给对方以重击，利用自己身体力量最强的部位进行对抗，再结合自身实际情况对对方进行击打，迫使对手失去战斗能力。若自己的力量与技术不如对手，那么在比赛的过程中就不应该被对手拖延时间，耗费自己大量的体力，要找准时机，在遵守比赛规则的前提下，抓住机会给予对方重击，以起到震慑对手的作用，使对手在心理上产生畏惧，失去赢得比赛的能力。

（4）假动作战术是指利用虚晃的动作让对手无法判断真实的攻击目的的行为，假动作的本质就是将自己真正要做的动作向反方向调动对方的身体动作，在对手来不及反应的时候找到胜利的突破点，乘胜追击。

（5）反击技术主要是指在对手率先发动进攻的情况之下，破解对手的技术动作并及时进行反击动作。这样在训练的过程中便可以找出对手的薄弱环节，若能够熟悉掌握战术，则可以在一系列的防守动作后对对手进行反击，进而获得胜利。

（二）跆拳道训练的基本特点

在训练时首先要注意培养学生的战斗意识，要提高学生的跆拳道水平，就要从根本上做起，通过对比赛规则的了解及战术布置来提高战斗能力。不单要加强基本动作的练习，还要组织学生之间进行比赛，在失败中总结经验，培养学生的临场发挥能力。其次，训练时要结合技术动作对学生进行教导，传授给学生多样化的战术。将培养学生的体能与智能训练、技术训练巧妙结合，有效地促进大学生对跆拳道练习的积极性，使大学生的体魄更加强健。

（1）在跆拳道的训练过程中，对学生也提出更高的要求，要求学生将所有学到的战术运用到实践中来，严格遵守比赛的相关规定，不断地提高对训练要求的质量。

（2）要求学生在学习基本的战术后，从中精选几种适合自己的，在训练中运用得顺心的战术进行高强度的练习，并将动作训练中的特点与实战相结合。

（3）跆拳道的战术由多个重要的部分组成，如学生的心理状况、身体状况及动作水平等，要做到将这些特点紧密的结合。在训练中将基本动作与战术完美结合，使练习者能够加强专业技能的掌握。

（三）注重气势，发扬声威

无论在跆拳道的竞赛过程中或训练中，都要求运动员在场上利用威严的气势给予对手强烈的压迫感。在比赛的过程中，规则中明确规定可以发出声音以提高自己的斗志，借用自己的气势来震慑对手，甚至在攻击对手的同时发出声音也会得到裁判的许可，在训练及比赛过程中利用心理战首先占据优势。所以，进行跆拳道训练的同时都要加强对发声的练习，通过强有力的发声与严格的动作训练相结合，从而加强学生的胆识，从一定程度上提高心理素质。

（四）注重礼仪训练，加强对学生道德品质的培养

跆拳道的练习者不管是在比赛还是在训练的过程中都要进行互相鞠躬的礼仪。这是由于在跆拳道的学习过程中，要求学生将“礼”作为基本学习内容，即使是普通的训练也要保证以礼开始，最后以礼结束，充分体现跆拳道练习者的爱国主义。要求学生们不仅要将动作技术的练习作为训练的首要目标，还要从根本上提高自己良好的思想道德素养。通过日常跆拳道训练的方式培养自己知礼仪、懂礼貌的品质。在遇见长辈或是教师的时候都能谦虚地行礼，通过跆拳道的练习有效地贯彻学生互相学习、互相尊重的意志品质。

（五）训练时以刚制刚，以快制快

在跆拳道的训练过程中，教师教导学生的基本理念大都是直接进行身体接触，运用的动作技术也是以刚制刚，训练方式比较简单。没有十分复杂的战术，利用直线连续进攻的方式来得分进而取得胜利，利用脚法踢出连贯迅速的动作来攻击对手，防守动作也不是一味的躲闪，而是进行直接的格挡，在跆拳道练习的过程中严格遵照以刚制刚、直来直往的方式进行训练。

三、大学生跆拳道训练体系构建

（一）安排合理的教学内容

在大学教育中，学生的自由度较高，导致了大部分的大学生忽略了加强体育锻炼的意识。要想从根本上提高学生的身体素质，就要设立丰富的跆拳道课程来吸引学生的学习欲望。通过比赛的方式增强练习者的体魄，培养学生坚韧不拔的品格。教

师能够将课堂节奏牢牢掌握在自己手里，不但要让学生学到相关的知识，还要适当地增加锻炼强度，达到锻炼学生身体素质的基本目的，这就需要教师对教学内容进行合理的安排。

（二）掌握跆拳道基本战术

（1）学生根据运动设备假设与对手实战，利用沙包、假人进行攻击，利用教师教授的基本动作进行训练，主要培养运动员的实战意识与掌握基本战术的方法。

（2）从经典的跆拳道比赛中选取有特点的片段，从中汲取优秀的战术特点。学生有不懂的部分可以向教师及时进行提问，通过教师的详细讲解，加深动作的印象。

（3）根据对手不同的情况进行模拟训练，若对手为防守型，就找出能够克敌制胜的战术，提高学生的随机应变能力及巩固战术的使用能力。

（4）严格遵照比赛的基本规定进行比赛，进一步规范训练中不规范的行为，有效提高学生的临场比赛经验。将训练的难度提高一个层次，根据学生的水平不同来进行比赛，加强学生的专业能力。

（5）需要有一个配合者手持脚靶，进行技术训练，配合者将脚靶放在不同的高度对学生的出腿高度及速度进行训练，使学生的横踢水平及出腿速度有所提高。配合者还可以穿上护具，利用自身身体的变化练习学生的进攻及防守能力。

（三）通过跆拳道训练加强体育文化的培养

如今的社会大都需要德智体全面发展的人才，大学生作为未来社会最重要的人才储备，必须从自身加强体育锻炼与提高学习能力。大学生在练习跆拳道的过程中，一旦技术、出腿速度、手法达不到预想目标，就容易产生失败感，在后期进行体育训练的过程中便会出现紧张的状态。教师要对学生的状态随时给予关注，及时疏解学生心中的压力，使学生将重心放在训练当中。通过对跆拳道的练习，提高学生的抗压能力，并且提高心理素质，不要因为一点挫折就放弃，在跆拳道的练习过程中树立足够的自信心，使自己的体育技能稳步提升。

跆拳道不仅能够达到健身的效果，还能够培养一个人的气质与礼仪。在跆拳道训练开始前，都需要立正鞠躬等，只存在腰带的等级不同，并没有高低之分，只有互相尊重。教师在教授动作的同时，不但要让学生学到战术要领，还要使学生体会到中国文化礼仪修养的博大精深，有效地规范学生在道德方面的造诣，以及保证大学生身体素质的有效提高。

（四）跆拳道对大学生体能的影响

大学生进行跆拳道的练习能够从很大程度上提高体能，增强体能可以有效地保证自身身体的健康状况及提高生活水平。跆拳道属于一种需要学生全身心发展的综合运动，要求学生培养稳定性及足够的耐性，可以有效地提高学生的反应速度及随机应变的能力。当代大学生的体能下降问题愈加严重，如若不加以严格控制，就会导致学生的患病概率大大增加，为了大学生的健康，大部分的高校已经加大了让学生加强体育锻炼的宣传力度。

跆拳道作为一项十分优秀的项目，不仅能够锻炼大学生的身体素质、耐力、力量，还对大学生的健康发展有着良好的作用。培养大学生掌握一项基本的运动技能，在促进大学生体能的同时，构建健全的跆拳道训练体系，激发大学生对身体健康的重视程度。

第七章 大学生体育训练模式

第一节 大学生体育训练新模式

随着我国教育的不断深化，我国的教育改革也在不断地进行中，高校作为教育的最高学府，同时也是国家的人才重要培养基地，因此对于高校课程的改革需要认真对待。体育作为增强学生体质的健身课程，对学生的健康发展具有十分重要的作用，体育教学不应该再遵循传统教学模式，在新时代的背景下，我们要努力创造适合我们教学的新模式，体育课程就是进行体育项目的训练，因此探究创建新的训练模式才能促进体育在未来的发展。

一、优化体育教学模式

体育是一项参与性很强的活动，素质教育离不开体育教学的参与，它是素质教育的基本内容，学校只有把它和思想道德、科学文化、劳动技能等形成有机的统一体，才能体现素质教育的教学宗旨。就体育教学而言，优化体育教学模式，就是要重视培养学生对体育的兴趣，了解体育的功能和目的，以及体育在人才成长发展和自我完善中的重要性和必要性；使学生确立科学的学习目标和良好的学习动机，端正学习态度，从而养成自觉锻炼身体的习惯；促使学生根据自己的个性，贯彻全民健身纲要，利用在校时间学会一两种终身体育锻炼方法，树立终身体育锻炼意识，真正起到增强体质、促进学习的目的。俗话说，兴趣是一个人的学习动力来源，有了学习的兴趣，学习时就不会感到疲累，进而处于高效率的状态，做事情也就很顺利。然而兴趣不是天生的，是靠人们后期培养出来的，正是因为这样所以我们更应该做到身先士卒，在体育锻炼时培养学生们运动兴趣，看似是与体质的改变无关，但当学生有了锻炼的热情之后，他们的体质会不由自主地得到影响。既可以在教学模式上做出改变，也可以对学生进行思想教育，既可以保证学生真正地进行体育锻炼，同时也可以从思想上培养起锻炼的意识，学生会在未来的学习道路上将其作为缓解压力的手段，真正地发挥体育的特色，不要抱着守旧落后的教育理念，只有大胆革新才能培养出更加健康的人才。

很多体育教师都不关注体育训练的娱乐性，在体育课上总是强迫学生进行训练。对于课上的体育训练了解得也不够全面，认为体育训练无非就是加强体能训练，平时练习长跑。在这种训练模式下有同学认为体育训练对体育课并没有多大作用，自己平时注意锻炼身体就可以达到提高自身体能的效果。总而言之，学生对体育课的认识还很片面，对总体缺乏有效认知。体育教师要引导学生发挥主观能动性，去了解各个专业所需要的身体素质和能力，了解实用性体育对自身的帮助，掌握科学的体育训练模式，最终将体育精神传承下去。

二、运动训练分析

学生的思想道德素质是全面推进素质教育的一个主要方式，对于体育竞技而言，更是如此。由于高尚的思想道德品质对于体育技能的学习是一种动力，有助于形成一个良好的学习氛围。在体育运动中，学生不仅可以加强道德教育，也能学习一些技术与战势。因而，在体育教学中要渗透思想教育，以便提升体育教学的特色，从而培养学生的坚韧品质。关于体育教学的研究有很多，体育教学的目的也渐渐成为一种定式，即全面提高学生身体素质。但在体育教学思想的认知上，不应再把其停留在公共体育范畴之内，并仅做一般性考察而没有进行专门性的研究，而是应把其作为一项重要的学科，即健康体育得到高度重视，体育教学的特色应建立在健康的基础上。当代许多大学生都缺乏日常体育运动锻炼的自觉性，对自身身体素质的管理也没有一个科学的理论知识指导，通常在这种情况下，大学体育课程的设置将以一种看似强制性的教育行为潜移默化地引导学生加强日常锻炼、促进身体机能的活化，并在此过程中可以使一部分学生爱上体育锻炼并逐渐养成日常锻炼的好习惯。在日常的体育课程教学中，教师根据学生所选择的运动项目对其进行专项化的训练，引导学生做好运动前的热身，进行专项体能训练、肌肉拉伸等教学活动，不仅强健了学生体魄，而且让学生的身体素质在一定程度上得到了提高，这是大学体育课程设置的本质体现。对于大学生体育训练的改革，一方面，教学内容是教学目标得以实现的载体。在不断适应现代社会发展需要的过程中，教学目标也在不断改革和优化。另一方面，教学目标决定着教学内容的选择。首先教学内容要根据教学目标和教学任务来确定，充分体现体育教材的针对性和时效性。在课程改革中，教育部对学校的体育课程进行了细致补充，增加了部分体育项目，明确了作为大学生公共课程的重要性。这样既保证了学生在体育课上的训练热情，同时也对高校体育的教学提出了新的要求和标准，只有在适合社会发展需求的教学中才能更好地将高校体育发展长远。

三、体育训练新模式

教学内容纵向延伸。目前来说，学生的体育教学除个人体质的提升之外，还要注重掌握专业锻炼技能的基础。例如，通过体育专业性、针对性的练习来提高学生的身体素质，并侧重某一方面的训练，如注意力、集中力、专注力等，会产生极好的耐力，更有助于提高学生以后在岗位上的专业能力，更好地适应工作需要。教学内容学科跨越。高校体育课程设置应该与专业产生内在联系，而不能与其他专业类似，单纯地强调集体锻炼、素质提升，应该形成“运动 + 专业”的组合形式，设立以人类基本活动为中心的综合性课程，让学生可以了解不同运动对未来工作的益处。

（一）教师多鼓励夸赞学生

大学生也有爱玩的心理，而且他们争强好胜，都想成为最好的，都想成为让教师刮目相看的好学生。所以学生会尽自己最大的努力把一些事情做到最好、做到极致，然后得到教师的夸赞。然而，如果他们没有接收到教师喜欢他们或者欣赏他们的信息，就会感到一股强烈的挫败感，进而会失去信心，然后会对周围的一切感到畏惧，不敢轻易去尝试，不敢再去做自己喜欢的事情，所以，教师要时不时地多夸赞学生，这也是为了培养学生的自信心。学生有自信后，会尽情地绽放自己，锻炼自己。

（二）根据每个学生的特点，教师鼓励他们去做适合自己的运动

我们都知道，现在的社会有一些人云亦云的趋势，人们都喜欢随大流。即使是自己不喜欢的东西，如果好多人都喜欢，也许会降低自己的底线试着去喜欢。然而，一个不适合自己的东西，再怎么将就也不会属于自己，不会有自己的特色。而且，如今的孩子好胜心较强，都想成为同龄伙伴中的焦点，如果有一个人不去接近这个群体，就会显得不合群，也许会被其他学生孤立，这对学生未来的发展没有帮助，而且会在一定程度上对学生造成伤害，所以教师应该观察每个学生的特点，激励他们去做适合自己的运动。这样每个学生都可以在体育课堂上展示自己的强项，有助于学生自信心的建立，进而会对学生的体育锻炼有所帮助。所以，教师要根据每个学生所具备的特点，去激励学生做适合自己的运动。

（三）采取奖罚制度激励学生做好体育锻炼

学生在体育课堂上一次良好的表现就值得教师夸赞，值得表扬。教师对学生一句肯定的话语，就会在学生心中荡起一阵阵涟漪。学生也许会在心中这样想，今天老师夸我了，我很开心，下次我一定要做得更好，相信自己，我是最棒的。这种教育方式是比较棒的，它不是那种比较疯狂的教育方式，比较人性化，既不会打击学生，也

对促进教师与学生之间的关系有帮助。采取奖励制度激励学生，更有益于学生积极性的提高。当然有了奖励制度，也要有惩罚制度。然而这种惩罚不同于那种体罚，而是用一种比较轻松愉快的语气，指出学生所犯的错误，或者做得不太理想的地方，然后指导学生去改正。学生面对这种情况，往往会在心中激起自己的斗志，然后不断地鞭策自己，争取努力做到最好。

（四）布置课堂训练任务时激励学生

在体育课堂上，教师在给学生布置任务时，一般不要用命令的语气，因为这样容易激起学生的叛逆心理，学生不易与教师配合。而且如果是比较复杂的任务，学生完成起来也会很吃力，很困难。如果教师采用强制的语气，严厉的手段，势必会打击学生的自尊心，学生的积极性也会下降，所以给学生创造一个比较轻松的氛围非常重要。老师可以用朋友的口吻问，今天的知识有些难，大家都学会了吗，大家都掌握了吗，这样说，既可以让学生很乐意去完成任务，又可以让那些完成这项任务很困难的学生去和其他同学交流，进而成功地完成这项任务。可见，激励的语气在教学中发挥了很重要的作用。

高校体育要在教学实践过程中，加强体育教师对体育课程的研究，结合经验所得，有针对性地对学生进行体育能力教育，满足学生发展需要。要结合《体育与健康课程标准》的目标体系，将加强学生身体素质，加强高校体育创新，加强改革教育课程，全面贯彻落实“一人为本”观念作为重中之重。全面树立学生对实用型体育的正确认识，努力培育发展好胜任社会工作的能力。开展新的体育教学模式对于我国大学生的发展来说是一项基本保证，在社会改革的大背景下，我国高校的体育训练也需要进行改革，传统的训练方式不再适合当代教育的发展理念，也无法满足学生对于体育运动的需求，这就要求高校体育教师在课前制订训练计划，做好新的教学方案，努力提高学生的学习热情，尽可能地帮助学生解决对运动训练的反感，这样才能提高学生的上课水平，提升教师教学质量。

随着教育的不断改革，教育部门越来越重视学生的综合素质，所以体育教学也越来越被重视。若要大学生对体育产生兴趣，让体育教师的课堂效率提高，我们选择用激励的教育方式教导学生。因为学生一般更喜欢表扬。如果体育教师要想和学生有良好的师生关系，笔者认为太严厉达不到那样的效果，所以用比较缓和的语气，会达到事半功倍的效果。而且激励学生，不仅会让学生对体育这门学科有深厚的兴趣，还会增强学生的自信，对学生未来的发展也会有深远的影响。

第二节　体育教学引入拓展训练模式

所谓拓展训练模式，又被成为拓展运动、外展训练，在英文翻译中，它的意思是说，一叶扁舟离开安宁的港湾，行驶于未知的海域，不断在其中接受前所未有的挑战，因此，在训练中，它的意思就是为了能够不断提高训练者的体魄与体能，不断主动地接受户外挑战以提升自己。在“二战”时期，人们发现在海军作战中，能够在一次又一次战斗中活下来的永远是具有丰富生存技能而并非拥有精湛游泳技术的人。也正因为如此，有人利用自然条件辅助人工设施来不断训练海员，逐渐在其中应用多门学科理论，并取得了十分积极的训练效果。而在近些年来，拓展训练模式不断应用于高校课程中，尤其是体育课程的应用。

一、拓展训练模式的应用意义

（一）培养高校学生强大的心理素质

心理学家认为，人在受到一定的打击后所展现出来的自我修复与自我适应能力即自己的心理素质，拥有强大心理素质的人，注定能够不断接受好的与坏的结果，并不断在其中迎来自己的成长。显然，在拓展训练中，许许多多训练项目都能够培养训练者的心理素质，提高其强大的抗压能力，培养其更好地在这个社会中发展、逆流而上的顽强拼搏精神，这也正是高校体育教学的目的所在。

（二）培养高校学生的团队协作意识

在著名的《奥林匹克宪章》中，有这样一句话：“每一个人都应享有从事体育运动的可能性，并且不受任何形式所歧视，在其中要能够充分体现互相理解、友谊、团结以及公平竞争的奥林匹克精神。”因此，在体育运动中，不断提高与队伍的融洽度，同时以友谊精神、团队协作、公平竞争意识去取得每一次体育竞争的胜利，这正是现代奥林匹克精神所提倡的一点。尤其就团队协作而言，拓展训练模式的运动项目最为看重的就是训练者的团队协作精神，因此，在该训练模式中，培养高校学生的团队协作意识，才能更好地去发扬现代奥林匹克精神。

二、拓展训练模式应用于高校体育教学的策略

（一）在思维理念中融入拓展训练模式

对于现代教育来讲，突出学生的主体性地位，教师转变为辅助地位，已经成为现

代教育大势所趋，而在体育教学中，拓展训练模式正好符合现代教育的基本目的。在体育教学的思维理念中，教师要积极转变传统的生硬式教学模式，不断在训练模式中使每一位学生积极参加，同时在其中获得十分显著的参与感与挑战感，尤其是在团队协作中，注重培养学生的团队协作意识，不断在体育教学中摆脱原有的思维理念，更好地将体育教学与拓展训练进行融合。

（二）在教学环节中融入拓展训练模式

在传统体育教学中，教学环节通常分为三阶段，第一阶段为准备阶段，第二阶段为活动阶段，第三阶段为结束阶段，在这三个阶段的开展中，不断根据人体体能活动发展特点进行设计，而在拓展训练模式中，不仅能够在这三个阶段中有所应用，同时还增设有其他环节，比如趣味游戏环节与竞争环节，在这些环节的开展中，能够不断提高学生在体育教学中的积极性，同时还能激发学生的热情，能够加强合作与沟通，更加符合培养学生“奥林匹克精神”的目的，其应用意义自然十分显著，也正因为如此，在体育教学环节中应用拓展训练模式，就需要教师以优异的业务水平注重每一道环节的教学设计。

（三）在目标管理中融入拓展训练模式

在上世纪维也纳诞生了一位著名的现代管理学之父，他就是彼得·德鲁克大师，他在自己的书中曾经提到这样一个故事：有三个石匠在干活，有人问这三个人都在干什么。第一个人说，我在谋生。第二个人说，我在做最好的石匠工作。第三个则说，我在建造一座富丽堂皇的大教堂。从现代角度来分析，第一个人显然没有目标，他只为生存，只为拿到工资，他的主动性与创造性不会得到激发。对于第二个人来说，他即使拥有十分远大的志气，但是他的思想只能囿于本职工作中。对于第三个人来讲，他有着明确的目标，这样的目标与聪明，正是现代任何工作都缺乏的。这就是目标管理的重要性，也是德鲁克所提出的重要理念所在。对于高校体育课堂来讲，能够不断在应用目标管理中提升其教学质量，更好地进入拓展训练模式，这也是现代体育教育所提倡的根本所在。

在高校体育教学中，摆脱传统教学模式，积极引入拓展训练模式，进一步激发学生的学习兴趣，培养学生奥林匹克精神，不断在其中以团结、合作、友谊、公正的理念去发展体育、学习体育，在某种程度上为现代体育提供了十分丰富的教学理论与教学应用效果。

第三节　体育教学与运动训练互动模式

体育教学与运动训练互动模式在很多高校中还尚未实行，大多数高校依然只重视学生的知识教育而忽略了青少年的身体健康素质。俗话说“身体是革命的本钱”，在社会发展过程中，知识固然重要，但身体素质更不能忽视。试想一个国家的青少年只有满腹经纶，却没有一个强壮的身体，那么国家怎能快速地发展。“少年强，则国强”，这里的少年强是指青少年必须具备知识、能力、健康的身体去守卫国家，发展国家。有学者认为，高校通过体育教学的方式让青少年得到锻炼就可以；而有的学者则认为应当通过体育教学与运动训练的互动模式使青少年养成一个锻炼身体的好习惯。如果高校只通过体育教学的方式唤醒青少年对体育的重视，只会治标不治本。高校体育应通过体育教学与运动训练的互动，实现共同发展才能达到双赢的效果。

一、高校体育教学中存在的问题

（一）高校缺乏对体育教学的重视

一直以来，受传统教育思想的不断影响，学校一直被认为是学习文化知识的圣地，只重视文化知识的传授及孕育人才而忽略了体育教学的重要性。首先，高校没有开设相关体育教育课程，把学生多余的时间都拿来搞关于学习方面的活动，学生没有多余的时间去锻炼身体提高自身素质。对于高校学生来说，参与的运动项目会因性别而各有不同，部分男生比较喜欢打篮球和踢足球等，女生则对体育舞蹈、瑜伽、健美操等运动比较感兴趣。其次，大多数高校缺乏对体育教学的重视，高校体育的发展被边缘化。

（二）学生缺乏体育参与的自主性

高校体育的发展需要专业体育教师引导。正所谓师者传道授业解惑也，高校体育若缺乏体育教师的引导，会使学生缺乏自主性和独立性。首先，大多数高校开展的体育课都是比较基础的且种类不多，而且有些体育老师对体育教学缺乏重视，认为学生学习压力比较大，体育课的任务是调节与放松课余生活。其次，体育教师的置之不问会导致学生缺乏自主性地去锻炼身体。高校在体育教学过程中，老师们都是按照教学安排机械地给学生灌输教学知识，而学生们也只能一味地被动接受学习，忽略了学生的全面个性化发展。因此，体育教学目标是很难达到的。

（三）体育教学知识与体育技能分离

在众多高校中虽然按照教学计划开展了体育相关课程，但是体育课程的教学采取的往往是体育知识和体育技能相分离的模式。大多数体育教师会选择一节课专门在教室里讲解关于体育方面的知识，一节课在操场上让学生们进行实操。但是，教师根本没有示范应该怎样去做。诸如赛前热身缺乏体育教师正确引导、赛中缺乏体育教师的指挥、赛后恢复缺乏体育教师的指点。另外，体育教师会选体育课代表，然后随便教几个动作就让体育课代表带着学生们做热身，教师没有重视运动前热身以至于学生们也敷衍了事，根本起不了作用。热身没做好，后面的运动项目想继续就很难，会很容易受伤，这些现象导致我国众多的高校在体育教学上体育教学理论知识和体育技能相分离。

（四）体育教学中存在安全问题

各大高校虽然开展了体育教学，但是体育安全方面却没有得到全面的建设。体育课程都是开设在课堂外，在操场上进行的，安全得不到有效保障。我们经常会看到关于某某高校在体育教学中发生安全事故的新闻。学生们在运动过程中会利用学校里面提供的运动器械，因此，在运动过程中学生们没有充分的自我保护意识，就会很容易受伤，甚至一不小心就会造成终身的遗憾。因此，高校为了防止体育教学事故发生的概率，应当把体育教学安全建设得更全面。

二、体育教学与运动训练互动模式

（一）高校应当对体育设施进行全面的建设

体育教学在教学任务中是很重要的一部分，体育教学的好坏直接影响着一所高校整个教学活动的开展，同时一所学校的发展也离不开体育活动的开展。我国很注重青少年的全面发展。由于高校对体育教学的忽视，在体育设施方面投入得很少。所以，为了青少年的全面发展应当从体育设施方面开始建设。而体育设施的建设也需要大量的资金，学校可以通过国家的资金支持，同时也可与社会相关体育企业进行合作。

学校体育设施的建设当然也需要政府的支持，政府不但要支持还要监督学校是否把资金投入体育建设上，同时还要杜绝学校在体育设施上乱收费。如果出现乱收费情况会严重地影响学生的积极性，这就与初衷相悖。

（二）体育教学应当与运动训练相结合

虽然两者的方式不一样，但是在实施过程中却缺一不可。体育教学是给学生传授理论知识，让他们了解体育训练的重要性以及体育项目方面的相关知识。体育训练应当坚持理论与实践相结合。因为，实践要通过理论来指导，理论通过实践来实现，只有二者相互结合才能达到好的效益，才能更好地发展体育精神。运动训练可以通过开设篮球、足球、排球、健美操等项目对学生进行体能训练。同时学校应当增加体育方面的师资力量和严格要求学生的运动训练。可以通过学分来要求学生，这样既可对他们起到监督的作用，同时还可以严格要求学生养成体育运动的好习惯。

（三）增强学生的体育意识

一切为了学生发展，那么应当如何提升学生们的身体素质便极为重要。首要的目的就是要加强学生们的体育运动意识。首先学校应当为学生制订一个完善的体育课程教学计划。教师在对学生素质的培养过程中，要善于创新，通过新颖的方式激发学生积极主动地参与进来。很多高校会有体育特训生，而且这些体训生都是带着目的去争夺利益赢得奖励，这就导致非体训生的积极性受挫，需要教师以合理、高效、健康、鼓励的方式去引导学生树立正确的体育观念。秉着教师要对学生的健康发展负责，促使学生们养成一个良好的体育锻炼的好习惯。学校可以通过举办运动会、社团活动得奖励的方式增强学生们的体育锻炼意识。

三、体育教学同运动训练互动发展

体育教学同运动训练互动发展的前提条件是需要建立互动发展的理念。随着社会对青少年的发展要求，强壮的身体是步入社会的前提条件。高校应当在教师中和学生中建立互动发展的理念。首先，教师对于学生来说是执行者、实施者和组织者，教师的一举一动都能对学生产生影响，所以教师只有掌握二者互动发展的理念才能更好地带领学生。其次，高校是围绕学生开展的教学计划，学生占据主体地位，所以要培养学生们的体育理念，让他们明白两者之间的关系，学会把两者结合起来共同发展继承体育精神。

综上所述，高校在对青少年的培养过程中，既要注重学生的文化教育，也要重视学生身体素质的训练。通过体育教学和运动训练互动模式来增强青少年对体育运动的积极性。同时高校应该采取科学、合理的教学手段促使学生们全面发展，使得身体素质和学习能力得到提升。最终，全面推动体育教学和运动训练互动模式，使高校体育教学水平得到提高。

第四节　课余体育训练社会化模式

近年来，我国的教育事业逐步形成了面向世界的发展趋势，高校也进行了多方面的教育改革。随着时代的不断发展和进步，高校的教育也呈现出更加社会化的发展趋势，比如2008年奥运会在我国顺利举行后，竞技体育便在我国得到了迅速发展，进而促进了我国体育教育事业的形成和推进。但是，我们必须清楚地认识到，国家对高校的体育教育资金投入是有限的，因此高校必须依靠社会力量进行补充，以社会力量促进课余体育训练的发展。事实和实践证明，课余体育训练朝着社会化的模式发展是可行的且意义非凡。

一、高校课余体育训练社会化模式的形成

早在新中国成立初期，随着我国高等教育的逐步兴起，学校课余体育训练也初步形成，然而当时的课余体育训练比较零散，课余体育训练的组织、训练和比赛大多都是由各高校自主进行的。这段时间培养出的一些大学生运动员，成为后来组建各省市专业队和国家队的基础。至此我国高校开展的课余体育训练的目标和价值以服务群众体育和大众身体健康为主要取向，旨在促进学生德智体美全面发展。1986年，原国家教委和原国家体委联合颁发了《关于开展课余体育训练，提高学校体育运动技术水平的规划》的通知，它成为近20年来学校课余体育训练的重要指导性文件。也是从这个时候开始，教育部门把课余体育训练的功能定位为重点培养高水平运动员，忽视了课余体育训练服务于群众体育的价值，导致竞技体育的“快发展”与青少年体质的“快下降”；这引起了社会各界的广泛关注，于是后来相关部门陆续颁布和制定了《关于开展全国亿万学生阳光体育运动的通知》以及《关于加强青少年体育增强青少年体质的意见》等政策文件，进一步明确了对课余体育训练功能的定位。近年来，随着经济社会的不断发展，社会在赋予高校课余体育训练更多功能的同时，也提出了更高要求。为了更好地促进高校课余体育训练的发展，提高课余体育训练效率，有教师提出社会化的发展模式，为培养大量的复合型体育人才指明了方向。

二、高校课余体育训练社会化模式的实践意义

（一）有利于学校体育训练设施的完善

在高校中推行社会化模式的课余体育训练，为了更加适应社会化模式发展的需求，高校不得不加强自身现代体育设施的扩建，部分高校吸引了大量社会资金的投入，比如一些大企业的赞助，保障了学校各种体育训练基础设施的完备，方便了学生的课余体育训练。

（二）有利于提高学校的体育训练水平

事实上，学校课余体育训练的目的不仅是为了锻炼学生的身体，还肩负着培养体

育人才的重任。因此,高校不仅要有较好的体育设施基础,还要有与之相配套的软件设施(也就是相应的体育师资力量),这样才能真正提高学校课余体育训练效率。所以说,学校课余体育训练走社会化的发展模式,有利于提高学校的体育训练水平。

(三)有利于培养更多优秀的体育人才

我国一直以来都在朝着素质教育的方向不断努力,高校开展课余体育训练既丰富了学生的学习生活,又提高了学生的身体素质,还锻炼了学生吃苦耐劳的品质,为我国培养了优秀的大学人才。同时,在课余体育训练活动中,也间接地为我国培养了一些优秀的体育人才,这在一定程度上促进了我国体育事业的不断发展。

三、高校课余体育训练社会化模式的开展现状分析

笔者经过调查分析发现,高校课余体育训练实行社会化模式以来取得的成绩可圈可点。比如高校的竞技运动水平得到了大幅度提高,高校的体育工作得到了全面开展,一定程度上提高了高校的声誉、扩大了高校与外界的交流、极大地丰富了校园文化。但是,在课余体育训练过程中也不乏一些问题的存在,比如部分高校把课余体育训练的功能片面地理解为培养高水平运动员,主要目的是让他们能够去参加重大比赛,为校争光,于是急于求成、拔苗助长,把更多的精力放在了应付比赛上,忽视了大学生课余体育训练的其他功能,导致最后取得的成绩并不理想。

四、高校课余体育训练社会化模式的发展策略

(一)积极寻找企业赞助,建立稳定的校企合作关系

综观世界各国的重大体育盛事,不难发现,这些运动赛事都离不开商业支持和企业冠名。这很好地把企业这个社会资源引入体育运动当中,使企业为体育事业做出了不少的贡献。笔者认为,在高校中,要想促进课余体育训练社会化模式迅速发挥作用也可以借鉴这一方法。这就要求高校领导打破固定思维模式,善于抓住机遇,引导学校体育课余训练走向社会化发展模式,积极利用自身的品牌效应和人力资源去吸引更多的社会资源,用体育活动的冠名权满足企业宣传自身的要求,进而引入企业的资金支持,以此提升高校的体育训练条件。事实上,通过这样的方式建立稳定的校企合作关系是一种“双赢”,既促进了大学生体育训练效率的提高,又带动了企业自身的发展。

(二)加强与其他学校的交流,建立和谐的协作关系

在推进高校课余体育训练社会化的发展过程中,我们必须坚持走整体发展的道

路，也就是要加强同地区甚至跨地区的高校之间的交流合作，以整合教育资源达到优势互补。笔者认为，高校通过与周边其他学校之间的联合，能够取得扬长避短的优势。比如，如果自身的校园面积有限，在建设室内篮球馆的时候可能会受到影响，此时就可以与相邻高校协商共同建设并共同使用，这样不仅可以集中优势发挥各自学校的长处，又可以加强高校之间的沟通交流。除此之外，在日常课余体育训练活动中，也可以组织两校或多校进行友谊比赛，相互交流训练心得，共同探索提高训练效率的策略，共同促进我国体育事业的进步。

（三）加强与周边社区的合作，建立现代化的体育俱乐部

随着人们生活方式的转变，越来越多的人开始注重自身的身体健康，开始养生、健身，这为高校课余体育训练社会化模式的发展提供了便利。高校可以与周边社区等建立互助合作关系，共同建立体育俱乐部等，利用现有的教师资源，对社区人员进行指导锻炼，同时也满足了自身的教学需求和学生的训练需求。毋庸置疑，高校要真正实现课余体育训练社会化发展模式，就必须面向社会，为社会服务。因为社会的资源始终比高校多，高校要想在有限的资源环境下提高体育训练效率就必须加强与外界的合作。值得注意的是，高校不能一味地向社会索求，还应当对社会有所回报。比如高校的体育设施可以对外开放，也可以邀请校外企业冠名支持，可以与社区开展各种与体育知识相关的系列讲座，从而共同推进高校业余体育训练社会化模式的深入开展。

（四）聘请优秀的体育教练，建立社会体育辅导员队伍

高校要想培养更多的体育人才，离不开素质过硬的体育教练。对此，高校可以聘请一些社会上或者体育界的专家或运动员，将他们补充到自身的教师队伍当中，切实提高学生的训练质量。之所以强调要聘请专业水平较高的教练，是因为体育训练本身的专业性较强，需要有专业人士进行科学合理的指导，如果一味地沿用普通体育教师的训练方法，可能很难达到较好的成效。因此，高校可以结合自身的实际情况，积极挖掘社会上的优秀体育教练，建立一支社会体育辅导员队伍，为学生的体育训练提供更好的发展空间。

总之，学校课余体育训练实行社会化模式是一种必然趋势。高校应予以重视，并在抓好教体结合的同时，采取各种方式将学校课余体育训练逐渐推向社会，更加注重与社会的联系，争取企业各种形式的资助，相互支持，共享资源，这样才能为我国培养出更多高素质的体育后备人才。

第五节 体育场馆经营管理模式

高校体育场馆是为满足学校师生的体育教学、运动训练、运动竞赛以及日常的体育活动建设的体育场馆，随着高校的日益社会化，高校体育场馆的功能也开始逐渐多样化，在高校体育场馆作用不断增加的同时，其经营管理一系列问题也亟待解决。本节在对我国高校体育场馆经营管理现状研究的基础上，深入探讨高校体育场馆经营管理的模式，分析各种经营管理模式之间存在的差异，旨在探究高校体育场馆在经营管理中存在的不足，并针对其不足之处结合各种运营管理模式的优势提出相应的运营与管理策略。研究得出以下对策：(1)整编体育场馆经营管理策略，进行理论创新；(2)增强经营管理培训，提高体育场馆工作人员自身素养；(3)改善体育场馆管理制度，加强制度执行的有效性；(4)确定合适的收费标准，制订可行的开放计划；(5)须以长远的观点来经营管理，走可持续发展的道路。

一、高校体育场馆经营管理基本模式

经营管理模式是企业或组织经营管理的方法论，是在企业或组织内，为使生产、营生、劳动力、财务等各种业务，能够按照经营目的顺利地执行、有效地调整而进行的系列管理、运营活动的方法。目前总体来说，我国公共场馆的管理模式主要包括两种，即行政管理模式和经营管理模式。这两种管理模式的区别主要是行政管理模式的经费由国家统一下拨，而经营管理模式的经费来源是多元化的；行政管理模式的业务活动由上级下达，经营管理模式是完成任务后可多种经营；行政管理模式的分配方式是固定工资和福利，而经营管理模式的分配方式是工资加奖金等。

当前，我国高校体育场馆经营管理主要采用行政管理模式，其主要目的是以满足学校师生教学、训练、竞赛的需要为前提，并不是单纯以经营为主体。高校体育场馆经营管理在行政管理模式下又主要分为体育部门管理模式、物业化管理模式、单位协作管理模式等。体育部门管理模式，能够充分发挥体育部门自身特点和专业优势，最大限度地满足部门教师的体育教学、运动队的专业训练以及学生的课外体育活动。但是这种模式也存在缺点，体育部门教师在承担繁重的教学、训练任务之余，还要兼顾体育场馆和人员的管理，工作难度系数较大。

物业化管理模式，是高校成立专门的体育场馆管理部门，实行专职人员负责制。这种管理模式同样首先把满足学校教学训练放在首位，然后可以适当地对外有偿开放。这种管理模式的优点是专业化、规范化；缺点是管理部门为了平衡体育场馆的运行成本，会进一步强调创收，与体育部门之间由于体育场馆的使用造成协调不顺的问题。

单位协作管理模式，也称混合式管理模式。这种管理模式是体育部门与物业共同管理高校体育场馆的一种模式。除了上述三种场馆管理模式之外，有些高校也采用集体承包或者个人承包的方式等，学校与承包方就体育教学与经营创收之间的问题进行协商沟通，以达到双赢的效果。

二、高校体育场馆经营管理模式存在的问题

高校体育场馆与社会中的体育场馆相比较，资源较丰富，无论是总体规模还是人均占有率都较高。但是在经营管理模式上还存在较多问题，主要包括以下几个方面：第一，关于体育场馆的经营管理较差，缺少专业的体育场馆经营管理人员；管理人员总体学历不高，对体育场馆管理缺少理论支撑，这些原因在一定程度上制约了体育场馆管理。第二，体育器材设施的耗损，高校体育场馆对外开放范围增加，会导致体育器材设施受损程度增加，运动器材的使用不当是很经常的问题，经常是修好后时间不长又被损坏。这在一定程度上导致了维护费用的增加。第三，经营管理制度落实情况较差，虽然在体育场馆中都会有管理规章制度，但是这些制度的落实情况依然不太理想，主要原因是管理制度的自主性较差，可操作性、规范性有待提高。第四，体育场馆对外开放存在较大问题，这些问题主要是因为校外活动群体的复杂性，校外的社会人员自身人文素养、道德情感等参差不齐，会对校园文化和安全存在不好的影响。

三、高校体育场馆经营管理模式优化对策

（一）整编体育场馆经营管理策略，进行理论创新

体育场馆经营管理模式应与体育场馆的作用相一致。高校体育场馆在满足学校师生正常的教学、活动之外，也应积极对外开放，满足社会成员的需求，这应该是高校体育场馆作为公共体育设施的一种基本功能。另外，高校体育场馆经营管理需要更为先进的理念，我们应该解放思想，不断进行理念创新。

（二）增强经营管理培训，提高体育场馆工作人员自身素养

高校体育场馆的经营管理应该立足于科学规范的管理，这其中最主要的工作是对场馆管理人员的管理，管理人员自身的道德修养和业务水平将直接影响体育场馆经营管理的好坏。基于此，高校体育场馆的管理应该寻求一批能够兼容体育与管理的全方面的人才，采用专业的管理模式，以确保高校体育场馆的正常运转。

（三）改善体育场馆管理制度，加强制度执行的有效性

高校体育场馆中的管理制度应该根据自身的基本情况，依托于体育法规制度，使学校的体育场馆管理向着规范的方向逐步发展，结合学校各个部门的具体情况进行多角度的考虑，多层次的分析，形成综合的管理制度，以便更好地对体育场馆进行经营管理。

（四）确定合适的收费标准，制订可行的开放计划

因为高校体育场馆的特殊性，决定了高校体育场馆的经营管理与社会中的商业经营存在很大的差别。高校体育场馆在对外开放时应该考虑自身场地的基本情况、本地区的经济发展状况和社会群体成员的经济承受能力等各方面的因素，进行合理的经营管理。收费的标准应该根据本地区经济发展的规律，制订合理可行的开放计划。

（五）须以长远的观点来经营管理，走可持续发展的道路

在体育场馆满足学校正常的教学、训练、比赛的前提下，努力创造更好的经济收益，做到“以馆养馆，以场养场”的同时还应创造更多的经济效益和社会效益，促进高校体育事业的可持续发展，为学校的整体发展服务。

高校体育场馆资源丰富，但是现在大多数的体育场馆经营管理模式存在一定的问题。为了能够充分地利用高校体育场馆，现行体育场馆管理模式亟待解决。普通高校体育场馆的管理模式多种多样，不同学校在选择什么样的模式来经营管理体育场馆时，不能主观地、机械地照搬其他学校的模式，而应该从体育体制、本地区的特点、学校的特点和场馆自身的特点选择合适的体育场馆经营管理模式。从实际情况出发，找到符合规律、又尊重体育规律的管理模式，以求最大限度地充分发挥体育场馆的效用。

第六节　健美操教学训练一体化模式

我国教育的教学模式和教学方式方法都相对比较落后，受传统教学模式的影响，健美操教学质量不高，只注重口头式教学，忽视了实践操作，我们现在必须思考，如何大力提高健美操教学质量和健美操训练水平？我们对其教学模式不断创新改进，落实教学和训练一体化的模式，大大规避传统教学模式的负面影响，最大限度地发挥其重要实践意义。

一、高校健美操教学训练一体化教学模式实施中存在的问题

（一）高校健美操教学训练资金不足

从我国目前健美操的教学现状来看，我们不难发现，现在我国高校健美操教学还

处在初步阶段，我国很多部门并没有对其重视起来，也没有针对其教学需求对高校给予资金力量的支持，高校本身资金有限，对健美操的训练安排不够充足，每年基本只能举行两次健美操大赛，这样的教学背景很不利于健美操教学和训练一体化模式的全面落实，同时也会大大降低运动员的积极性和主动性，不利于开展高校健美操的训练。因此，针对此问题，我们必须为健美操运动员给予充足的资金，积极筹集资金，减小高校资金压力，也有利于加强健美操教学训练，进一步提高健美操教学成效。

（二）高校健美操教学训练时间控制不合理

大部分高校在开展健美操教学时，一般以院级为单位对学生开展训练，这样一来，训练的时间不明确、不统一，整体的训练效果也会大打折扣。为了完成教学目标，组织学生利用课余时间开展训练，学生就会认为健美操只是一种娱乐活动，只是一门选修课程，没必要重视，只要把专业技能和专业知识掌握了就好；在传统思想的基础上，大部分高校也这样认为。这样的认识无疑是错误的，很多教师在开展健美操教学的时候，也不能正确地对待健美操，大大阻碍了健美操教学质量的提高和发展。我国高校健美操教学水平降低的主要原因就是不合理安排和控制教学时间，必须对这个问题进行及时改正。

（三）高校健美操选材资源较落后

我国大部分高校应用或者引进健美操课程的时间比较晚、起步迟，我们无法根据教学人数和学校的规模大小合理安排教学资源，对于高校落实教学训练一体化模式，学校的许多教学设备都不符合要求，大大阻碍了教学工作的顺利进行；很多高校的健美操教师也不是专业的教师，无法针对性地进行教师培训以及教师考核，无法实行高校教学目标和教材具体规划。所以学生对于健美操和专业高素质健美操运动员概念混淆不清，导致健美操的教学缺乏主次之分，教学工作过程中不能因材施教，大大降低了健美操的教学效果。

二、促进我国健美操实施的措施

（一）丰富健美操教学训练一体化内容

现在我国非常重视素质教育发展，不断创新教学理念，不断创新教学方式和方法，在开展健美操训练的时候，除了要教授学生相应的理论知识，还要在此基础上，开展丰富多彩的实践活动，通过实践活动有利于加强理论知识的掌握，有利于为学生提供丰富的实践经验，有利于提高学生的素质。高校在健美操教学上要全面落实一体化教学模式，必须结合学生自身个性特点和学习特点，构建一个理论和实践相结合的教学体系，引导学生积极学习健美操，掌握动作要领，提高技能水平，真切感受到健美操的独特魅力。只有这样，学生才能寻找到符合自己的学习方法，有利于提高高校健美操的教学水平，有利于培养高素质健美操人才。

（二）提高资金投入，促进健美操一体化教学的实施

一方面，作为高校的领导层必须先提高自身的思想认识，详细了解健美操在我国各大高校的发展状况，全面认识到健美操与培养人才之间的紧密联系。综观高校的办学规模、办学性质等因素，增强资金力量，向政府相关部门提出申请，对高校健美操教学设施的基础建设不断完善和改进，为学生提供一个优秀的健美操训练场地或者环境，不断完善教学器材，为高校健美操的教学训练一体化奠定坚实的基础，大力推进学生的健美操技能和专业知识的提高，全面推动学生的发展。另一方面，资金力量雄厚以后，就可以聘请专业的健美操教练，为学生提供一个专业化的训练课程。

（三）合理安排时间，定期开展比赛

各个高校是健美操的主办单位，不仅能够帮助学生提高健美操技能，同样可以为学生组织健美操比赛，实现学生的愿望。所以，在开展健美操的训练时，首先对训练的时间合理安排，针对学生的具体需求组成多个学习小组，有利于学生互相沟通和交流，并且定期组织不同院校开展健美操比赛活动，相互切磋交流技能，有利于大大完善健美操队伍力量，有利于提高健美操运动员的技能水平，学生为了在比赛中取得好成绩，都会加强平时的训练，严格要求自身的技能，从而大大提升自身的健美操技能。为了保证健美操训练和比赛的稳定开展，举办高校要向参加比赛的学校收取参赛费用，不断完善奖项设置，不断改善比赛场地环境，很大程度上提高学生学习健美操的兴趣和积极性，有利于为社会提供更加专业的健美操人才。

第八章 大学生体育教学训练方法路径

第一节 力量素质和速度素质训练

一、力量素质训练

多数体育生都是在高二才开始加入体育训练的队伍中来，由于没有长期接受系统的专业训练，想要在短期内迅速提高运动能力进而取得优秀的体育高考成绩，极易在训练过程中走入误区，进而造成运动成绩起伏不定、停滞不前的现象。体育高考主要分为身体素质和球类两大考核部分，力量素质作为身体素质的重要组成部分，将直接影响体育高考的总成绩。因此，如何在力量素质的训练过程中，避免误区争取训练效果的最大化显得尤为重要，本节将从以下几点对力量训练的注意事项进行阐述。

（一）力量素质的发展既要全面也要突出重点

机体作为一个有机的联系整体，不能单独靠某一部分的肌肉发力来完成动作。针对相对复杂的技术动作，需要通过全身不同肌肉群的整体配合才能完成。通过世界男子百米大赛可以看出，优秀运动员均重视全身肌肉力量的协调发展，而不是单纯强调下肢或局部力量素质的发展。因此，在发展力量素质的过程中，在发展下肢力量素质的同时也应该加强上肢和胸、腰、背和臀等部位大肌肉群的锻炼，同时也要注重发展核心部位的深层次肌群和其他薄弱小肌群力量。

（二）做好充足的准备活动，训练结束后要及时放松肌肉

在正式参加比赛或训练前一定要做好各项热身准备活动。通过准备活动可以提高中枢神经系统的兴奋水平，增强机体对大负荷强度刺激的感觉；增强氧运输系统的机能，从而提高工作机群的代谢水平；此外还可以使体温提高，降低肌肉的黏滞性，增加肌肉弹性，让肌肉发挥最大的收缩力量，同时还能有效地预防肌肉损伤。力量训练结束后，由于乳酸的堆积使得肌肉常常会出现充血肿胀的现象。因此，在力量训练结束后要及时采取各种活动性手段、整理活动或保证良好的睡眠、合理的营养补充以及按摩理疗等方式，使肌肉充分放松。

（三）集中注意力，加强安全保护意识

肌肉活动总是在中枢神经系统的调节下进行的，力量练习时要集中注意力。充分靠目标肌群有效发力完成动作练习，真正做到使意念活动与练习动作紧密保持一致；练哪里靠哪里发力。这样不仅可以使肌肉力量得到更好的发展，还能降低在大负荷练习时的受伤概率。另外，为了加强在力量练习时的安全性，还应加强学生的自我保护和互相保护意识，在大负荷重量练习时严禁单独进行训练。在临近力竭时，更应该注意加强同伴之间保护，预防安全事故的发生。

（四）与专项动作相结合，保证技术动作的规范性

不同的专项动作有不同的技术结构，要求参加工作的肌肉群力量也各不相同。如投掷类项目要求学生竭尽全力地使器械获得最大的加速力量。因此，在力量训练的过程中要根据专项技术的动作结构来选择恰当的练习方法，从而更好地获得发展有关肌群力量的效果。在实际力量练习时，必须按照相关动作的技术规格要求严格进行，否则由于身体姿势的不正确，而导致技术动作变形；不仅会影响目标肌群的训练效果而且会增加运动损伤发生的概率。例如，在进行杠铃深蹲练习时需要双眼平视前方，始终保持收腹挺胸腰背部挺直；靠大腿、核心部位肌群协同发力。针对大负荷训练要系好腰带，严防弓背现象的出现。为了进一步加强安全保护，可以在杠铃两侧安排两名保护人员以防腰部损伤。

（五）要掌握正确的呼吸方法

憋气有利于固定胸廓，提高核心肌群的紧张程度，通过有效的憋气可以提高人体在极限状态下完成动作的最大力量。有学者研究发现，人在憋气状态时背力最大为133公斤，在呼气时为129公斤，而在吸气时只有127公斤。尽管如此，也应该注意到过度用力憋气会引起胸廓内压力的提高，使动脉的血液循环受阻，而导致脑贫血，甚至产生休克现象。因此为避免憋气产生不良后果，当短时间内完成最大用力时，应尽量避免憋气，尤其在负荷不大的重复做练习时，更不要憋气。针对初始训练者，应尽量减少极限用力的练习，引导其在练习过程中学会正确呼吸；此外尽量减少在完成力量练习前做最深的吸气，因为过度深吸气会增加胸廓内的压力从而导致练习效果不佳。

（六）要制订系统的训练计划

根据用进废退的原理，力量素质训练应全年系统安排，不能无故中断。相关研究证明，力量增长得快，在停止训练后消退得也快。但是，力量素质练习不宜在疲劳的

状态下进行，因为这种状态下的练习主要发展的是肌耐力而不是肌力量；同时还可能存在潜在的安全隐患，训练效果更是大打折扣。

力量素质训练应该依据不同人群、不同项目以及训练任务的不同而区别对待，负荷的安排应具有明显的周期性、波浪式特点。力量训练课的次数应根据训练课所处的阶段和周期、需要达到的具体目标、训练者的年龄、性别、身体状况，特别是现阶段的训练水平等做出具体安排调整。需要注意的是在体育高考前半个月内，应尽量少对大肌肉群采用极限负荷的练习。在每次训练中，先安排发展最大力量、速度力量，最后安排力量耐力的练习。

在进行力量素质的训练课中应使全身各肌肉群都得到充分锻炼。一般按照从下肢肌肉群到核心肌肉群再到上肢和肩带肌肉群的顺序进行练习。根据专项训练动作应先安排复合动作使主要的大肌肉群得到锻炼，然后再安排孤立动作使局部肌肉群得到充分锻炼。

力量素质训练作为身体素质的重要组成部分，对体育高考总成绩发挥着重要的作用。教练员应该高度重视力量素质的训练，掌握有效的训练方法。确保学生在有限的时间内不断提高训练水平，为体育高考做好充分的准备。

二、速度素质训练

速度素质是指人体快速运动的能力，包括人体快速完成动作的能力和对外界信号刺激快速反应的能力以及快速位移的能力。现代学生身体速度素质和十年前相比明显不足，学校体育教师、教练员可结合实际提高以下几个方面认识，加强对学生速度素质的培养，全面提高学生的速度素质从而带动学校体育活动的开展。

（一）速度素质包括反应速度、动作速度和移动速度

反应速度是指人体对各种信号刺激快速应答的能力。动作速度是指人体或人体一部分快速完成某一个动作的能力。移动速度是指人体在特定方向上位移的速度，以单位时间内机体移动的距离为评定指标。一位具有良好移动素质的运动员，不一定也具有良好的反应速度。

（二）各项速度素质的训练应明确的问题

1. 反应速度训练应明确的问题

首先，反应速度由神经反射通路的传导速度所决定，基本属于纯生理过程，不受其他因素影响。纯生理过程的提高是相当困难的，很大程度上取决于遗传因素，通过训练可使学生运动员潜在的反应速度能力表现出来并稳定下来。其次，在训练中

学生运动员注意力集中与不集中大不一样，运动员注意力集中，可使神经系统处于适宜的兴奋状态，使肌肉处于紧张待发状态；此时，肌肉的反应速度比处于松弛状态时可提高 60% 左右。这种状态有时间限制，一般适宜时间为 1.5 秒左右，最多 8 秒。因此，短跑运动员在预备起跑时，要紧紧地压住起跑器，把思想集中于准备迅速迈出的第一步。最后，反应速度的提高在很大程度上取决于运动员对信号应答反应的动作熟练程度。在进行反应速度的训练时，还要经常改变刺激因素的强度和信号发出的时间。

2. 动作速度训练应明确的问题

提高应与掌握和保持正确的技术动作紧密地结合在一起。专门性的动作速度训练与专项比赛动作要求相一致。在以反复做某一个规定动作为手段发展动作速度时，应合理地变换练习的速度。练习的持续时间一般不宜过长，动作速度的训练强度较大，运动员的兴奋性要求高，一般不应超过 20 秒。练习与练习之间的间歇是由练习的强度所决定的，练习强度大，需要的间歇时间就应长些。但也不要忘记，间歇时间过长会导致兴奋性下降，不利于用剩余兴奋去指挥后面的练习，如持续时间 5 秒、强度达到 95% 以上的练习，间歇时间以 30 ~ 90 秒为宜。

3. 移动速度训练应明确的问题

第一，测定移动素质的手段常用短距离跑，距离不要过长，可用 30 ~ 60 米的距离；最好不从起跑计时，而测定其全速跑通过某段距离的能力；在运动员不疲劳、神经兴奋性高的状态下测验；可测定 2 ~ 3 次，取最佳成绩。第二，最大步频和快速跑中的支撑时间对运动员的快速移动能力有着重要影响，优秀运动员单脚撑地时间为 0.08 ~ 0.13 秒，普通人为 0.14 ~ 0.15 秒。第三，提高移动速度有两个基本途径：一是力量训练，使运动员力量增长，进而提高速度；二是反复进行专项练习。无论通过哪个途径提高移动速度，训练中都必须确定适宜的训练负荷。第四，在训练实践中运动员力量得到提高，并不意味着移动速度马上可以得到提高，也有当力量训练负荷减小以后，才有提高，这种现象叫“延迟性转化”。

三、提高各项速度素质的常用手段

（一）提高反应速度常用的手段

信号刺激法，利用突然发出的信号提高其对简单信号的反应能力。运动感觉法，需要经过三个阶段。一是让运动员快速地对某一信号做出应答反应，然后教练员把时间结果告知；二是先让运动员估计时间，通过测定进行比较，提高运动员对时间的准确感觉；三是要求运动员按事先所规定的时间去完成练习，这样可以提高对时间的判断能力，促进反应速度提高。选择性练习。是随着各信号复杂程度的变化，让运动员做出相反的应答动作。

（二）提高动作速度常用的手段

利用外界助力控制运动员的动作速度，在使用时必须掌握好助力的时机及用力的大小，同时还应让运动员很好地感觉助力的时间及大小，以便使他们能独立及早地达到动作速度的要求。减少外界自然条件的阻力，如顺风跑等。利用动作加速或利用器械重量变化获得的后效作用发展动作速度。借助信号刺激提高动作速度。缩小完成练习的空间和时间界限，如球类可以利用小场地练习。

（三）提高移动速度常用的手段

首先，移动速度每次练习的持续时间不能过长，应使每次练习均以高能磷酸原代谢为主要供能途径。一般地讲，应保持在20秒以内。多采用85%～95%负荷强度，练习的重复次数不应过多，以免训练强度会下降。确定间歇时间的长短，应使运动员机体得到相对充分的恢复，以保证下一次练习的进行。休息时，可采用放松慢跑，做一些伸展练习。其次，是各种爆发力的练习和高频率的专门性练习，如田径短跑做高抬腿跑、小步跑、后蹬跑、车轮跑等；也可利用特定的场地器材进行加速练习，如斜坡跑和骑固定自行车等。

四、速度素质训练的基本要求

（1）速度素质训练应结合运动员所从事的专项运动进行，如在短跑项目中应着重提高他们的听觉反应能力，在球类运动中应着重提高视觉反应能力。

（2）速度素质训练应在学生兴奋性高、情绪饱满、运动欲望强的情况下进行，一般应安排在训练课的前半部。

（3）速度提高到一定程度时，常会出现进展停滞、难以提高的现象，称为“速度障碍”。出现速度障碍时，可采用牵引跑、变速跑、下坡跑、带领跑、顺风跑等手段予以克服。

（4）掌握学生的实际身体情况，科学地安排速度训练。由于移动速度具有多素质综合利用的特点，移动素质的发展与力量、耐力等其他身体素质的发展有着密切的关系，因此，在对学生进行速度素质训练的同时，要十分重视全面身体素质的训练。

第二节　耐力素质和柔韧素质训练

一、耐力素质训练

近几年来，国家在推进素质教育的同时，也相当重视学校体育和学生健康。首届全国学校体育工作会议中，提出要把学校体育与开展“全国亿万学生阳光体育运动”作为全面推进素质教育的重要突破口和主要工作方面；在中共中央国务院《关于加强青少年体育增强青少年体质的意见》文件中明确提出要“全面组织实施初中毕业升学体育考试，并逐步加大体育成绩在学生综合素质评价和中考成绩中的分量”。习近平总书记在今年召开的全国卫生与健康大会上也提出“要把人民健康放在优先发展的战略地位”。

但近年来，我国国民耐力素质却呈下降趋势且越演越烈，学生长距离跑能力下降、马拉松广州赛就有参赛队员在比赛中猝死的情况等，都说明了这个问题。因此，学校体育作为培养人们养成终身体育习惯的重要途径，贯穿学生学校学习的全过程，我们有必要通过学校体育课堂对学生进行耐力素质训练，以增强学生的心肺功能，充分提高学生的身体素质。

（一）将耐力素质训练融入体育课中的必要性

1. 耐力素质训练可有效促进学生身体素质的发展

耐力素质，是指人体在尽可能长的时间内进行肌肉活动的能力，耐力也可看作对抗疲劳的能力。长期的耐力练习，可以使大脑皮层长时间保持兴奋与抑制有节律的转换，使大脑皮层神经过程的均衡性得到改善，神经细胞的工作能力和支配肌肉活动的各运动中枢之间的协调也能得到改善，特别对提高心血管系统和呼吸系统的机能具有良好的效果。

从小学到初中，再到高中，人体都是在不断快速的生长发育中，而不同年龄阶段身体骨骼和肌肉坚实度都有所不同，所以我们要根据学生在不同年龄阶段、不同发展层次的身体特点，有针对性地去培养和加强学生的身体素质，注意控制学生在体育锻炼中的量和强度问题。对于中、小学生而言，我们强调的是有氧的耐力性练习要居多，这样更有利于学生身体素质的发展，减少给学生身体带来的伤害。在耐力素质不断提升的同时，也为学生自己所喜欢的一些项目的学习和提高提供有力的体能作为保障，否则一切都是空谈。

2. 耐力素质训练是持续完成任何运动的前提保障

身体素质包括五个方面，力量、速度、耐力、灵敏、柔韧，在五项基本身体素质中，耐力则是重要保障。如百米跑后程就要有充足的体能做保障，进行肌肉力量练习做的组数多或做的练习类型多同样也需要耐力做保障。耐力是持续完成任何运动的前提保障，有很多爱好者无论是从事球类运动还是其他运动，除了要有技术，到最后拼的都是耐力，只有身体持续不断地提供充足的体能储备才能更好地发挥自己的能力，才能有更好的精神状态投入一天的学习和生活当中。

成为国家栋梁的人才基本都是从学校中走出来的，我们在学校体育课的教学中强调耐力素质的重要性，无疑是为社会培养的各个阶层的人才在校期间储备耐力素质的能力，一步一步地从小学、初中、高中到大学，几乎在长达20年学校生涯里练就他们健康的体魄、充沛的体能、旺盛的精力，以饱满的精神状态和健康的身体状况投入社会主义各个行业的工作岗位上去，并养成终身体育的习惯，时时刻刻都有一个好的身体基础。由此看来，在学校体育课中，将耐力素质融入其中就显得更加紧迫了。

（二）推动体育课中耐力素质训练的方法

1. 考虑学生运动需要，激发学生的运动兴趣

在体育课程中，采用哪些方法、开展哪些内容去开展和推动耐力素质训练，教师首先要考虑的就是学生的运动需要，激发学生的运动兴趣。

什么是运动需要？就是学生对体育运动的自身价值所产生的趋势，或想掌握某项体育运动技能的一种需要。如何判断学生的运动需要？我们可以从健身锻炼的方向出发，结合体育心理学方面的知识，以及学生的兴趣爱好，考虑他们的情感需要，找出学生的运动动机和运动兴趣所在，通常我们运动是需要得到满足的，一旦满足就会产生运动的愉悦感，从而激发其运动兴趣。所以说，学生的运动需要是其运动兴趣得以激发与培养的源泉。

除运动需要外，融洽的师生关系、现有运动技能水平、运动内容的新奇性与适应性、成功体验的获得，都是影响运动兴趣的主要因素。其中，融洽的师生关系可以保证教师引导学生向健康积极的方向发展。

2. 丰富健身田径运动形式，通过游戏性比赛调动学生运动的积极性

最近几年不断提出了很多好的健身锻炼的方式，如健身田径运动、少儿田径运动、自然环境中的田径运动、趣味性的田径运动等，都是从不同角度和方面让运动更有价值、意义和趣味。

本节中提到的健身田径运动，也都是结合了田径中最基本的走、跑、跳、投掷等各种技能，它既是人类本能的运动基础，也是表现基础运动能力的专门技能，如散步、

快走、定时跑、定距跑、走跑交替、跳绳、跳跃游戏等，对于参加者来讲负荷适宜、效果全面、条件随意、终身受益。因此，我们可以通过开展丰富的健康田径运动形式，通过游戏性比赛调动学生的锻炼积极性及对所学的知识、技术的综合运用能力。

3. 进行适宜耐久跑，逐步提高学生的耐力素质水平

适宜距离、强度、速度的耐久跑会给学生身心带来愉悦和欢快。所以耐久跑应以中等强度、保持适宜的时间、确定适宜的距离为前提，提倡个人根据自己的实际情况，确定练习方式和负荷，以个人自我进步度的评价作为控制练习的依据，避免出现因“比赛”和“达标”等约束条件的影响，被动性地超出个人力所能及的练习负荷，还会造成运动伤害。

在耐久跑中使学生懂得耐久跑的价值与作用，了解耐久跑的正确方式和节奏，能在跑前、跑后进行自我脉搏测量，懂得耐久跑的心率应控制在 120 ~ 150 次 / 分钟。体育教师也可以根据自己学校的实际情况，做到灵活变动和因地制宜，定会收到不断改善提高的效果。

关于跑的正确方式和节奏，教师应给予学生正确指导。一是要形成正确的跑姿和跑的方法，养成耐久跑的习惯。教师可以通过图片、媒体展示或师生简述与示范，使学生了解并掌握耐久跑正确的动作方式，能够做到动作轻松，步伐均匀，重心平稳。二是要学会呼吸方法和掌握呼吸节奏，这是练习耐久跑的基础要求。13 岁左右的中学生在运动时主要靠提高呼吸频率来增大肺通气量，而呼吸深度增加不多。这与他们胸围较小、呼吸肌力量弱、肺活量小及呼吸调节机能不够完善有关。为此，要在慢跑中有意识地教会他们正确的、有节奏的呼吸方法，注意加深呼吸的深度是很有必要的。

只要能做到以上几点，并且教师认真负责地有针对性地安排指导学生练习，会慢慢地提高不同阶段学生的耐力素质水平。随着年级的不断提高，耐力素质水平会呈明显的上升趋势，也为解决学生中后期体能储备不足找到了解决的办法。

二、柔韧素质训练

在科学技术快速发展的今天，人类社会无论是在社会科学上，还是在人文科学上都得到了前所未有的突飞猛进，这一系列的发展也让我们的生活发生了改变并得到了提高。科学技术的大进步，促进整个社会的大发展，也大大提高了体育在世界上各个国家的地位，体育的比赛变成了国家与国家的比赛，体育实力更象征着国家的实力。正因为如此，也使得世界各国更为重视体育运动中的核心地位。

众所周知，柔韧素质是提高训练水平的重要因素之一，柔韧素质的提高不但有利于技术动作很好地完成，而且有利于提高动作质量与动作幅度，其表现为：协调性的

不断提高、节奏感增强、运动能力的明显增长等。运动员如果不在柔韧性上做大强度、高效率的训练，那么他们在运动技术、运动成绩方面将很难得到更大的提高。因此，必须充分重视柔韧素质，并且科学系统地进行训练。

（一）柔韧素质的理解

体能是以人体三大供能系统为能量代谢活动的基础，通过骨骼肌的做功所表现出来的运动能力。体能是运动员的基本运动能力，是运动员竞技能力的重要构成因素，运动员身体素质的发展受多种因素的影响。

1. 柔韧素质的概念

柔韧素质是指各关节活动范围的大小及肌肉、肌腱、韧带等组织的伸展能力。在《牵伸训练》一书中“柔韧性”一词是指“正常”范围内的运动能力。

2. 柔韧素质的分类

①和静力柔韧相关的关节在不强调速度的条件下与进行拉伸时的运动幅度（ROM）有关，因此静力性柔韧是静力性牵伸的结果。②弹性柔韧性，通常跟摆动、弹起、弹回和节律性运动有关。③动力性或功能性柔韧性是指在以正常速度或快速进行身体活动时运用一系列关节的运动能力。④活动性柔韧性是指没有外力辅助的条件下，由肌肉主动运动时的活动范围。

（二）目前国内对“柔韧素质”研究的文献分析

笔者通过查阅《中国期刊全文数据库》《贵州师范大学图书馆》《贵州数字图书馆》以及大量与柔韧素质相关的文献，发现当前涉及“柔韧素质”的相关文献多数涉及体育运动中柔韧素质的重要作用及地位和体育运动训练中柔韧性的训练方法和手段等领域，关于体育运动中柔韧素质的具体可实施性的对策和建议的文献相对较少。从笔者掌握的文献来看，当前对体育运动中柔韧素质的探讨和研究基本集中在以下几个领域：

1. 柔韧素质在体育运动中的重要作用及地位

赵余骏、许寿生、李燕在《PNF 训练对少儿艺术体操练习者柔韧素质的影响》中提到，通过对实验组和对照组两组实验结果数据的对比分析和对每名练习者自身的两次数据进行对比分析，得出少儿艺术体操训练者通过系统的训练，PNF 训练和传统柔韧素质训练都能使练习者的柔韧素质得到相应的提高。少儿艺术体操练习者柔韧素质训练采用 PNF 训练法，相比传统柔韧素质训练的负荷强度而言，相对较小的负重负荷，可以使柔韧素质得到显著提高。拉伸法不仅在提高肌肉的柔软性方面有很大的作用，也能够很明显地提高肌肉发力的柔韧性，可以作为训练柔韧的一种很好的方法。静力性拉伸法可以提升柔软性，但对于肌肉柔韧性的提升却表现得不是很理想。刚开始柔韧训练可以采用PNF拉伸法和静力性拉伸法进行练习；训练到一定阶段后，可以用PNF拉伸法进行训练，以便于适应各个阶段的训练需求。

蔡广浩、熊凡在《静力拉伸和动力拉伸对提高柔韧素质的研究综述》中表示，在人们的意识中，虽然体现了静力性拉伸优于动力性拉伸的想法，但是相关方面的研究仍显不足，所以在理论上的支持仍需实验数据的支撑。从搜集的资料上来看，大部分研究都集中在练习手段的开发上，专门针对动力和静力练习效果的研究较少。并且由于人们对于柔韧素质训练普遍认识程度不够，对训练方法的区分和操作不熟悉，很容易在训练和健身过程中造成运动损伤，影响运动成绩和训练热情。

孙红在《论柔韧素质在跳高运动员身体素质中的重要地位》中指出身体素质是人体器官、系统机能在肌肉工作中的反映。它是身体发展、体质增强的主要内容，也是一个人健康水平的重要标志。身体素质是从事各项体育运动的基础，更是取得优异运动成绩的根本保证。发展和提高身体素质是体育教学训练中的重要任务，是提高运动员运动水平和运动技术的根本保障。运动能力的掌握和提高，良好的身体素质是关键的支柱。因此，身体素质的发展状况对掌握、巩固和提高技能技术，顺利完成教学和训练任务来说是极其重要的。因此，笔者认为柔韧素质在其中起到了主要作用。

以上三者都对柔韧素质的重要作用及地位从多个角度进行了系统而全面的分析和研究，并都较为准确地指出了柔韧素质在体育运动教学和训练中的重要作用和地位，并开展了高深度、多视角的读解。

2. 体育运动中柔韧素质的技术教学及运动训练方法方式

陈志刚、董江在《青少年短跑运动员的柔韧素质训练探析》中指出青少年田径短跑运动员广泛存在着柔韧素质比较差，导致了他们在协调性上也比较差，在技术动作上的缺点是动作幅度小而生硬，这种情况使他们在运动技术上的提升和训练成绩的增长上也受到了很大的影响。青少年在这个阶段正是生长发育旺盛的时候，年龄的增加会带动身体状态、机能等方面发生很大的变化，因此在青少年时期如果我们能够对运动员制订一系列有计划、有目的性的柔韧素质训练，将会使他们很快地掌握短跑技术、技能，并且不断提升运动水平。柔韧素质练习的基本方法与手段有以下几个方面：其一，静力拉伸练习法。将平缓的动作保持在静止不动的状态，从而使肌肉、韧带等软组织拉长到一定程度。在这个拉伸过程中，肌肉、韧带能够获得较长时间的刺激，这是这个方法的一个重要特征。其二，动力拉伸练习法。自主拉力运动法是一种屡次重复相同动作的有规律的、相对较快的运动方法。在短跑训练中这种练习方法有个主要特征，就是肌肉强度改变的最大值在自主拉力的时候大概比静力拉伸大两倍。其三，柔韧性素质练习一般通过以下常用方法，包括：第一，正弓步压腿，这是为了提高腿部后侧肌肉的柔韧性；第二，侧弓步压腿，这是为了提高腿部内侧肌肉的柔韧性；第三，后压腿，是为了增加腿部前侧肌肉的柔韧性。在我们的研究中发现，一些运动员往往会忽略了其他素质的训练，为了提升成绩只在速度和力量上进行练习，这种情况也会造成他们的成绩提升受到负面影响，而事实是柔韧素质直接决定了其他素质的发展，各素质的发挥和利用也受它影响，它是联系各素质间的一种良好的媒介。

郭书华在《柔韧素质锻炼方法》中指出柔韧素质是很多体育运动项目必须具备的重要体能之一。针对小学生柔韧素质的提升，采取了一系列方法策略，并收到了很好的反馈。其训练方法分为以下几种。一，吻靴。目的：低弓步压腿，重点训练膝关节的柔韧性。动作方法：训练者一条腿屈膝成半蹲状态，另一条腿向前伸直成弓步，脚跟着地，勾脚尖；身体前屈两手抓住前伸的脚尖；两臂屈肘用力向后拉，上体屈髋前俯，头以及下颏尽力去碰触脚尖。控住几秒后上身缓缓抬起，间歇一会儿后做换腿重复练习。二，双人拉锯练习。目的：用于提高学生腰背部、腿部后侧和膝关节韧带。动作方法：两人一组对面坐地上，脚脚相对，腿伸直，上体前屈，手相扣前后拉动。三，扶腿压前屈。目的：提高腰部、腿部柔韧性。动作方法：一人仰卧，两腿并拢，两腿做体前屈，一人扶其腿下压。四，脚迈过“圈”。目的：提升身体柔韧性，增进腰腹肌肉力量。动作方法：训练人站立两手相握放体前。身体前屈，左右脚依次从两手臂和躯干形成的圈内迈出。当脚都迈出后，两手不松，身体保持正直，两手由臀后侧朝上提起，双手相扣放于身体后面。五，“马咬尾”伸展练习。目的：训练腰腹部肌肉的柔韧性。动作方法：训练者膝跪于地手撑地，向左扭转脊柱，尽力从肩部看到左侧臀部，左侧臀部可向前轻微移动。几次后，脊柱换方向扭转。六，钻膝拉手。目的：提高身体柔韧性，拉长肩背部肌肉和韧带。动作方法：训练者站立，双腿膝部外开，腿部成“O”型，身体前屈，手臂从腿部内侧穿进，穿过膝关节后，再屈双肘，臂在小腿前，双手放在脚踝前相扣。七，跨绳比赛。目的：提升身体柔韧性。动作方法：两手握绳于身体前面，两腿从绳上跳过，再跳回来。

张建、史东林、周博、李光军在《三种拉伸方法对于提高艺术体操运动员柔韧素质的实效对比研究》中的研究结果表示：一、PNF拉伸方法能够有效地提高艺术体操运动员肩关节、髓关节柔韧素质水平。与动态拉伸方法和静态拉伸方法相比，PNF拉伸方法除了在柔韧素质水平的提高方面成果显著外，柔韧素质的训练成绩还能表现出持续性、渐进性提高的趋势。二、静态拉伸方法对于柔韧素质的改善效果虽然优于动态拉伸方法，但是在提高柔韧幅度与速度方面均落后于PNF拉伸方法。三、动态拉伸方法对于柔韧素质提高能够起到有限的作用，但是保持成绩的能力最差。他们的研究论证指出：一、证实拉伸训练对改善艺术体操运动员的柔韧素质水平有重要意义。二、结合前人对柔韧素质的研究成果，丰富动态拉伸、静态拉伸与PNF拉伸三种不同拉伸方法之间的对比研究。三、丰富艺术体操运动员专项柔韧素质训练手段，证实拉伸训练对改善艺术体操运动员肩关节、髋关节柔韧素质水平的实效研究，为艺术体操运动员专项柔韧素质训练提供理论参考依据。[1]

以上三者都对柔韧素质的技术教学及运动训练方法方式做了研究、分析与探讨，并都提出多种在体育教学与训练中行之有效的练习柔韧素质的方法方式。

综上所述，从目前的研究成果来看，当前研究体能中柔韧素质的文献大多集中在对柔韧素质的作用、重要性以及地位方面和锻炼方法方式等领域，大致可分为体育运动中柔韧素质的重要作用及地位和竞技体育运动中柔韧素质的技术教学及运动训练方法方式的分析两个方向，但少有关于柔韧素质在学校体育教学中发展的对策和建议的文献。学校体育教学中柔韧素质的发展具体可实施性的对策和建议是非常有必要的，不仅可以对青少年学生的体质发展起到实质性的帮助，还使得学校体育课更加便于开展甚至开展得更好，而且可以促进学生体育能力的增长，更加便于去学习其他能力。本节试图通过对柔韧素质在当前学校教学中运用的练习方法的现状进行调查与分析，以期找到更多的具体的更好的在体育教学中发展柔韧素质的可实施性建议。

第三节 灵敏素质和协调能力训练

一、灵敏素质训练

原则是人们依据客观事物运动的内在规律而进行制定，在实践中必须遵循的法则或标准。运动训练原则是依据运动训练的客观规律确定的组织运动训练所必须遵循的基本准则。灵敏素质的训练也有其自身规律，只有遵循这些规律才能系统、有效

[1] 张建，史东林，周博，等.三种拉伸方法对于提高艺术体操运动员柔韧素质的实效对比研究[C/OL].中国体育科学学会.第十五届全国运动生物力学学术交流大会论文集.2012：139-140[2023.01.02]. https://d.wanfangdata.com.cn/conference/ChZDb25mZXJlbmNlTmV3UzIwMjMwOTAxEgc3NzUzNzc0GghrZXpldjFrcQ%3D%3D.

地发展运动员的灵敏性。根据运动训练的原则结合灵敏素质的特征，笔者依据多年训练实践认为，灵敏性的训练应遵循三大基本原则。

（一）健康安全与竞技需要原则

1. 健康安全原则

“以人为本”是现代社会的根本要求，社会的发展也是为了人的发展，人类社会创造的一切都应是为了人类全面、自由的发展。体育运动当然也不例外。然而，现代社会的高度发展却使人的发展逐渐走向歧途，而体育的发展似乎也没能找到自己的真谛，甚至成为摧残人的事情；竞技体育中不断出现的丑闻，无不体现现代体育比赛中体育道德的沦丧和体育真谛的缺失。人类本身在利益至上的社会或比赛中不但没有受到重视，反而成为社会和比赛的附属品。这背离了社会发展的根本目的，势必导致人类发展的不良后果。

健康安全是一个人生存的基本权利，是人从事体育活动或其他活动的基础。田麦久教授指出，健康是运动员的基本权利，是运动员保持系统训练的重要基础。运动训练以取得运动成绩和提高竞技能力为主要目的，而现代运动训练理论中恰恰缺失了对运动员健康部分的内容。实践中，教练员提倡“三从一大”的训练模式，从思想上提倡、鼓励“轻伤不下火线”，导致运动员的小伤小病更加严重，甚至到最后断送其运动寿命。主流媒体也在舆论上鼓励运动员带伤训练或比赛，甚至把这些行为作为一种精神大加宣扬，让人们觉得只有带伤训练、比赛才是顽强拼搏的表现。这一点国内与国外的差异十分明显。从执教理念上，国外强调运动员的主体地位，对于运动员的伤病，队医会给予充分的评估和建议，而教练员对队医的建议必须予以充分的考虑。有些项目比赛规则规定，运动员不得带伤参加比赛，如美国男子篮球职业联赛规定运动员身上流血时必须进行止血，否则不能继续参加比赛。而国内强调教练员的主导性，队医的作用仅仅是对运动员的伤病进行简单康复或辅助训练工作，对于运动员能否上场的决定权很小。在训练实践中，国外运动员的自我保护能力较强，训练或比赛中如有伤病，运动员会根据医生的建议配合队医进行治疗，并及时和教练员沟通以便调整训练计划，确保伤病尽快治愈，更快地投入训练和比赛中。国内提倡运动员带伤训练，导致运动员轻伤变重或变成慢性伤病，最终影响其运动训练。

安全保障是确保运动员免受伤害的关键。在运动训练或比赛过程中，尽量保证运动员的安全，避免伤害事故的发生。灵敏素质练习对运动员的身体有较高的要求，所以，灵敏性练习一般安排在训练课的前半部分。灵敏性练习前，教练员需调动运动员的积极性、激发运动员的训练动机，在其体力充沛、注意力集中、精神饱满的状态下进行练习，以获得最佳的训练效果。另外，应变换练习手段，根据不同阶段或练习重点安排不同的灵敏素质练习。例如，沙滩排球运动员在徒手练习时需注意变换动作和改变方向，再结合球进行训练，这样既可以提高其判断能力，也可以根据需要对预判、变向和变换动作的能力进行练习。准备期可以重点发展一般灵敏素质或对三类灵敏素质分别进行训练，逐步提高。比赛期则以专项灵敏素质训练为主。

灵敏性训练也应从运动员的实际健康状况出发。因为灵敏素质训练是高强度的练习，危险系数较高，与一般的康复性训练有很大的不同，运动员在身体状况不好或有伤病的情况下不应参与灵敏性训练。运动员进行灵敏素质练习或测试时，需确保其处在安全的训练环境中。首先保证训练或测试地面与比赛地面要求一致，包括合适的服装和鞋子。若在硬地上测试要保证地面防滑，运动员应穿着相应的训练服装和防滑的鞋子。其次，有充分的练习空间，确保运动员安全地完成练习或测试。最后，进行灵敏性练习或测试时，运动员应保持注意力集中和良好的状态，防止疲劳的发生。

2. 竞技需要原则

竞技需要原则是由项目特征所决定的，教练员应时刻考虑灵敏性训练要满足项目需要，不同项目对灵敏素质的要求不同。简单地将灵敏素质分为一般灵敏性和专项灵敏性不是目的，对专项灵敏性进行深入分析，进而得出专项灵敏素质的练习方法才是关键，使其从能量消耗特征、项目的技术特征和力学特征等方面贴近项目。1988 年，苏联训练学专家指出，机体对刺激的适应具有较强的专一性，长期缺乏针对性的训练，无法使机体适应专项的要求，结果必然导致运动成绩的下降。根据竞技需要选择灵敏素质练习方法的依据有供能特点、动作形式和移动的速度等，以便使训练效应更好地转移到专项竞技能力中。如果一个项目需要大量的侧向移动，那么练习中应体现这一需求。例如，沙滩排球训练应根据项目的预判特点、变向特点和动作特点分别进行，以达到自动化的程度，这样才能确保灵敏性训练贴近比赛。

（二）适宜负荷与区别对待原则

1. 适宜负荷原则

训练效应的生理基础是人体对刺激的适应，而负荷就是这种刺激。也就是说，任何训练效应的获得必须通过对运动员施加负荷才能实现。必须明确的是，人体的适应能力并不是无限的，在训练过程中当人体的适应能力正向发展时，常伴随运动成绩的提高；而当人体难以适应持续的负荷时，常伴随运动成绩的下降。所以，对负荷的控制已成为运动训练学研究的焦点，灵敏素质的训练同样存在运动负荷的问题。

灵敏素质是以磷酸原系统供能为主的素质，练习时强度较大，易产生疲劳，所以，每个练习后应有足够的休息时间，以保证机体磷酸原的基本恢复。运动生理学研究表明，每千克肌肉中含 15～25 mg 分子 ATP—CP，该系统的供能时间一般不超过 8 秒，而 ATP—CP 恢复一半的时间大约是 30 秒，完全恢复所用的时间是 3～4 分。所以，在进行灵敏素质训练时，一般练习时间不应超过 10 秒，以充分发展灵敏素质供能系统的能力。两个练习之间的休息应超过 30 秒，一般为 30～50 秒；组间间歇应稍长一些，一般为 3～4 分，以保证 ATP—CP 含量的恢复。为了使运动员较长时间保持良好的灵敏性，应适当提高运动员的糖酵解供能能力和有氧代谢能力。研究表明，运动员尽力保持速度进行灵敏素质的练习仅能维持 7 秒。一般而言，敏捷性、加速度和快速脚步的练习时间应保持在 3～5 秒，灵敏性的纯练习总时间一般不超过 4 分。

运动负荷主要强调运动量、运动强度及间歇时间。在进行灵敏素质训练时，对强度的控制，教练员可以通过运动员完成练习所用时间（一般情况下如果练习的速度降低 10% 以上，应停止灵敏性练习，说明疲劳开始产生，并且功率下降）和监控运动员心率来间接评价。有经验的教练员还可以通过观察获得重要信息，如当运动员动作技能下降，特别是制动时动作不稳、制动能力下降时，应考虑延长间歇时间或立即停止灵敏性训练。

2. 区别对待原则

区别对待原则是指在运动训练过程中，根据运动员的特点、训练水平，因人而异地制订训练计划和安排训练负荷。进行灵敏素质训练时也应考虑区别对待的原则，因人、因时、因项、因地制宜地进行练习，这样才能获得良好的训练效果。

灵敏素质训练中区别对待原则的执行需做到如下几点：首先，根据运动员的特点进行灵敏性练习，不同训练水平的运动员，应采用不同的练习方法和负荷。如有些运动员灵敏性表现不好，可能是由于预判不足，抑或是移动变向能力或变换动作的能力不足，练习时应根据运动员的不同情况分别进行训练。其次，不同项目运动员灵敏素质的要求不同，这已在竞技需要原则中进行了阐述，在此不再赘述。再次，处在不同训练阶段的运动员应安排不同的灵敏素质训练内容。开始阶段应注重基本脚步或身体控制能力的练习，如冲刺跑、后退跑、侧滑步和起动、制动、变向等基本移动能力和控制能力，为后继的灵敏性训练打下基础。如果运动员能很好地控制平衡和身体重心，并能快速移动，将会增大其获得成功的概率。最后，可进行一些与专项相关的灵敏素质的移动步法练习，若是需要器械的项目，还可结合器械进行移动变向和变换动作的练习。当达到一定程度后，可以结合专项运动场景进行必要的预判和快速反应练习，并使之达到自动化的程度。

（三）全面发展与敏感期优先原则

1. 全面发展原则

全面发展是指在灵敏素质训练过程中，应全面提高运动员的观察判断能力、变换动作和改变方向的能力及身体控制能力。观察判断能力、变换动作和改变方向的能力是灵敏素质不可分割的三种属性，将灵敏素质进行分类；单独对某一属性进行研究，是为了更深入地探讨该属性的特点，因为不同能力具有不同的表现形式。但绝不能因此而忽视了灵敏素质的完整性，只有将这三种能力统一起来进行多维度的考察，才能更加准确、完整地把握灵敏素质的真意。在运动情景中任何一方面的能力存在不足，都会影响运动员灵敏性的整体表现。

观察判断能力的培养。结合运动实践提高运动员的观察能力，通过更加广阔的视觉追踪策略，以获取更多的有效信息，巩固视觉搜寻的结构模式，加强对细微动作的辨别能力，形成运动记忆加以存储，以提高判断的准确性和速度。研究表明，视觉注意力可以不经过眼动而得到加强，并且控制视觉搜索的任务和结构似乎可以储存在记忆里，"双眼紧盯着球"的模式似乎不是处于最佳竞技状态的运动员喜欢的模式。大量研究表明，观察判断能力的训练可以有效地提高运动员的意识和决策能力。

变换动作能力的培养。全面发展运动员的技术动作（专项技术和非专项技术）。实践表明，学习掌握的技术动作越多、越熟练，建立的暂时性神经联系就越多，不仅表现出学习新动作技术快，更表现出技术运用灵活且富有创造性的特点。

改变方向能力的培养。全面学习多种移动步法，起动、制动、变向身体姿势与重心的控制，起初可以学习一些简单的闭链式移动动作，然后适当增加一些简单的刺激，并逐渐增加难度，包括刺激的难度和动作、方向的难度，有效提高运动员的变向能力。

灵敏素质由上述三部分构成，但并不是上述内容的简单相加。如果发现一种练习方法运动员练习起来较困难，应重点练习而不是将其调整为已熟练的练习动作。

2. 敏感期优先原则

身体素质的发展过程不仅是一个持续稳定的变化过程，而且存在着增长速度特别快的过程或阶段，人们习惯将这一过程或阶段称为身体素质发展的敏感期。判定标准为年增长平均值加一个标准差作为临界值，增长速度大于或等于临界值的年份为该素质的敏感期。一般素质敏感期都有两个：迅速发展期和较快发展期。抓住敏感期进行针对性的训练能提高训练的有效性，达到事半功倍的效果。

研究指出，灵敏性发展的敏感期在 7 ~ 12 岁，苏联相关研究指出，7 ~ 10 岁灵巧性高度发展。7 ~ 12 岁反应速度提高幅度最大，6 ~ 12 岁是培养节奏感的好时机，

7～11 岁是发展空间定向能力的最佳时机，动作速度 4～17 岁发展最快，女子 9～12 岁、男子 9～14 岁是发展平衡能力的最佳时期。这些都与灵敏性有关，这些能力的提高会对灵敏性的提高带来帮助。

运动训练过程中强调灵敏素质敏感期训练，但绝不是强调灵敏性的训练只有在灵敏性发展敏感期才进行。国内不少教练员认为，灵敏性应在青少年阶段进行训练，成年后就没有时间练习这些内容。相反，灵敏性在成年阶段更应该受到重视。国外研究指出，对灵敏性的训练应该贯穿运动员训练的整个过程，因为神经适应过程可以通过长时间的不断重复得到发展。另外，与灵敏有关的很多素质，如速度、力量、功率、柔韧、平衡等均可以通过科学系统的训练得到提高。

灵敏素质的训练要符合运动训练的基本规律，但灵敏素质自身的特点决定了其训练规律具有特殊性。根据灵敏素质的特点和运动训练的规律将灵敏素质的训练原则归结为：健康安全与竞技需要原则，适宜负荷与区别对待原则，全面发展与敏感期优先原则。

二、协调能力训练

在人体综合性的运动素质中，最重要的一项就是人体的协调能力，人体协调能力的强弱决定着一个人运动素质的高低，通过培养人体的协调素质来提高身体的协调性，由此可以提高人体体能、人体技能及人的心理能力，以便达到更好的训练目的和效果。目前，可以通过对人体运动各个方面的分析来提高人体的协调性，通过分析制定出提升运动人员身体协调性合理、科学的训练方案。

（一）分析人体运动协调能力的特征

运动协调能力是指运动员的机体各部分活动在时间和空间里相互配合，合理有效地完成动作的能力。《运动训练学》中指出“运动素质是人体体能的重要组成部分，是机体在活动时所表现出来的各种基本运动能力，包括力量、耐力、速度、柔韧和灵敏等。它们之间都有各自相对独立的作用，又有着密切联系、彼此制约、相互影响，其中每一个因素的水平，都会影响体能整体的水平”这一观点。肌肉的活动要通过运动来实现，运动中的战术、技术及运动素质等都要通过肌肉活动来表现，所以力量素质是运动的基础。

在每日的基本训练中，运动者在剧烈的肌肉训练时，通过神经活动也可以调节和控制肌肉活动。我们从外观来看，力量训练是通过肌肉的活动来实现的，但从实际角度出发，从生理学方面来看，身体协调性是人的神经系统在起作用，神经系统的感受器在受到外部环境或者自身体内的刺激时通过身体内的神经系统传播到大脑皮质区域,从而调节肌肉的张弛与伸缩活动。运动协调能力本身是一种重要的智力,在运动中对神经系统的刺激,对大脑的发育有着积极的重要意义,通过练习掌握运动技能,细化肌肉协调的能力,它反映的是一种精细的感觉,同时反映出的也是一种对外部刺激的分析和综合能力。

（二）分析人体运动协调能力的主要制约因素

1. 遗传因素

运动能力的各种组成性状是由遗传因素和环境因素共同决定的。一般来说,不明原因性协调能力差,绝大部分都是由遗传因素导致的,遗传因素决定了运动者运动能力起点的高低,遗传因素与人体协调能力又有着紧密的联系。人的身体在运动过程中,能够完成非常复杂的运动技术动作,与人的神经系统中的功能水平存在着较为密切的联系,所以说人体协调能力与神经系统中的功能水平关系极大,人体的神经系统功能是先天形成的,它很难被外界或者自身体内的因素所影响,所以说神经系统的功能是不易受后天的改变,先天的遗传因素制约着人体协调能力的发展水平。

2. 大脑皮质下中枢神经系统

所谓"闻道有先后",运动技能有些人做起来相对简单,有些人相对难,就像很多人的身体运动协调能力都是先天发育决定的,但是仍然有不少人经过后天不懈努力的运动训练,提升了自己的身体协调能力。在人体的运动机体内,要想完成较为复杂的运动技术动作,仅仅依靠大脑的皮质或者神经系统的调节是不完整也不准确的,还要取决于皮质运动区域内的抑制与兴奋过程灵活的转换支配身体机能来完成,只有这样才能完成高难度而又复杂的运动技术动作。如果人体的传导机能和反射机能出现障碍,人体的协调能力就会因此受到制约。

3. 感官系统机能

感官是指能够感受外界事物刺激的器官,它包括眼、耳、鼻、舌、身等。人身体的各部分都存在有感受器,它们在受到外部环境或者自己身体内的刺激时会通过身体内的神经系统传播到大脑皮质区域,经过大脑皮质区域的综合分析,找到解决方案从而调节身体的机能。人在运动时,感受器也开始了它的工作,时刻准备着接受身体发出的信号,它们之间有很复杂而又微妙的关系,感受器作为神经系统调节的各个效应器官,为了使身体能够更好地运动提供了桥梁,身体能够更有效、正确地完成运动技术动作。感官系统具有很好的灵活性,它们能够为人体的肌肉和肝脏器官提供最为重要的支撑。

4. 运动技能的储存数量

一个人如果有丰富的运动技能储备,并且拥有高水平的运动技能,就能够轻松地建立起新的条件反射,也能够更快地接受并且掌握更高难度而又复杂的运动技术动作;与此同时,其身体协调能力也能够很好地得到提升。大脑皮质支配着人体的肌肉活动,大脑皮质支配着人体的各项运动。人们对身体素质的理解就是人体肌肉活动的能力,一个人的速度、耐力、力量、灵敏与柔韧性都比较好就会说这个人身体素质好,也可以说运动素质好。随着运动素质的不断发展,人体机能的能力也在不断地增强和扩大。随着运动技术水平的提高,我国的运动机能有了很大的提升和创新,并且技术掌握的熟练程度也大步提升。人体的运动技能之所以能够改进、发展和提高,都归功于大脑皮质活动的反应,基于大脑神经在运动条件反射时做出的建立、巩固和分化。

人体运动技能的形成归功于条件反射的建立。运动技能的储存数量越多,就越能顺利地建立新的条件反射,掌握新的运动技术动作,从而表现出较为良好的运动协调能力;反之,运动技能储存数量不足,人体就会表现出较差的运动协调能力。

5. 其他运动素质的发展水平

人体协调能力还受其他运动素质发展水平的影响,其他运动素质包括柔韧性、灵敏性、力量、耐力、速度、身体平衡力、技术动作纯熟度等。例如柔韧性,它是指人体关节活动范围的大小以及跨过关节的韧带、肌腱、肌肉及其他组织的弹性和伸展性,身体柔韧性不好的运动人员,关节活动范围较小,跨过关节的相关组织的弹性和伸展性较差,他的柔韧性就制约着身体协调性的发挥。灵敏性,是指在人体突然运动的条件下,准确、敏捷而又快速地完成技术动作的能力,它是一种运动技能综合性表现的运动素质。灵敏性较差的人,运动反应较慢,身体协调性较差,但是通过转身突然跑、倒退跳远、躲闪跑、快速启动、急停练习等灵敏素质的练习能够有效地提高人体的协调能力。平衡能力分为两种,一种是静态平衡,如坐位、站立位等在一定范围时间内对身体姿势平衡的维持;另一种是动态平衡,如走、跑、跳等运动中的身体维持,平衡能力不足会导致运动发展迟缓,从而影响人体的运动协调能力。

(三)人体运动协调性训练法

不习惯运动技术动作的各种身体练习,反向完成动作,如右手换左手实践。改变已习惯技术动作的速度和节奏,如做多组小跑、慢走、变换跑的练习等。还可以通过玩游戏的方式完成复杂的运动技术动作,如穿插一些技术动作的慢动作练习。创造性改变完成动作方式练习,可以采用不习惯组合的动作,使用已经掌握的技术动作做一些更加复杂化的组合训练。改变技术动作的空间范围，适时用信号或有条件刺激使得运动人员做改变动作各种方式的练习。循环训练法，根据训练的具体任务，以此建立多组练习站、练习点的训练，运动人员应当按照规定的顺序、路线，依次循环完成每站所规定的练习内容和要求的具体训练方法。

一个人的协调能力越基层，协调性训练法的使用频率越高，但如果是一米八以上的人，技术动作仍不协调，协调性训练频率也要高。在准备时期，每周的训练频率为2~3次较为合理，动作项目至少有10项，每项动作的练习次数至少3次以上才能达到锻炼身体协调能力的效果，在做训练前必须要深刻了解自己的身体情况，是在哪些方面不协调的，主要针对自己身体不协调的方面，适时了解和掌握训练方法并学习相关理论知识，进行科学合理的锻炼。杜绝盲目的训练，不但没有锻炼效果反而会伤害到自己的身体，因为每种训练方法所适合的协调感是不同的。在进行协调能力训练的同时也需要发展其他运动素质，从而更有效地改善身体的协调能力。

关于一个人运动协调能力的强弱，与人体的竞技能力有着密不可分的关系，协调并不是单一的（力量、速度、柔韧性等都是运动素质的表现），而是这几种因素的综合表现，并且，一个人拥有高度发达的感觉器官和神经系统，能够协调复杂的机能活动和适应多变运动环境。研究表明，制约人们身体协调能力的因素主要有以下几种：一是遗传的原因，二是大脑皮质下中枢神经系统的支配机能，三是人体感官系统机能的灵敏性，四是运动技能的储存数量，五是其他运动素质的发展水平。

体育运动的目的是通过运动来进行人体运动素质的训练，身体协调是体育运动的灵魂，只有身体协调了，人体的肌肉才能依赖大脑神经系统的支配发挥其作用。一个人运动协调能力的提升和发展能够大大提升身体的锻炼效果，能够纠正错误的运动技术动作，能够提升各个技术动作之间的协调性，并且在提升心理素质方面也有非常可观的效果，还能够提高表现力、注意力、观察力以及自信心等个人能力，从而在运动比赛过程中发挥更好的作用和效果。

参考文献

[1]曲宗湖，杨文轩．学校体育教学探究[M]．北京：人民体育出版社，2000．

[2]李元伟．科技与体育：关于新世纪体育科学技术发展问题[J]．中国体育科技，2002，38(6)：3-8，19．

[3]徐本立．运动训练学[M]．济南：山东教育出版社，1990：228．

[4]王智慧，王国艳．体育科技与体育伦理辨析[J]．体育文化导刊，2016(6)：146-148．

[5]曹庆雷，李小兰．前沿科技与体育[J]．山东体育科技，2004，26(1)：37-38．

[6]董传升．"科技奥运"的困境与消解[M]．沈阳：东北大学出版社，2004：15．

[7]张朋，阿英嘎．科技与体育的对话：利弊述评[J]．福建体育科技，2015，34(4)：1-3．

[8]谢丽．从奥运会比赛成绩看运动器材的变化[J]．体育文史(北京)，2000(4)：52-53．

[9]杜利军．奥林匹克运动与现代科学技术[J]．中国体育科技，2001(3)：6．

[10]于涛．从哲学角度再认识身体对揭示体育本质的意义[J]．上海体育学院学报，2008(3)：18-20．

[11]张洪潭．体育的概念、术语、定义之解说立论[J]．西安体育学院学报，2006(4)：1-6．

[12]张庭华．走出体育语言：从语言学界的共识看媒体体育语言现象[J]．体育文化导刊，2007(7)：50-53．

[13]黄聚云．从哲学角度再认识身体对揭示体育本质的意义[J]．上海体育学院学报，2008(1)：1-8．

[14]爱德华·萨丕尔．语言论[M]．北京：商务印书馆，1985．

[15]于涛．体育哲学研究[M]．北京：北京体育大学出版社，2009．

[16]董文秀．体育英语[M]．北京：人民体育出版社，2009．

[17]伊恩·罗伯逊．社会学(下)[M]．北京：商务印书馆，1991：719．

[18]汪寿松．论城市文化与城市文化建设[J]．南方论丛，2006(3)：101．

[19]R.E. 帕克 . 城市社会学[M]. 北京：华夏出版社，1987：41，154.

[20]乔尔 · 科特金 . 全球城市史[M]. 北京：社会科学文献出版社，2006：3.

[21]卢元镇 . 体育社会学[M]. 北京：高等教育出版社，2001：211.

[22]乔治 · 维加雷洛 . 从古老的游戏到体育表演[M]. 北京：中国人民大学出版社，2007：107.

[23]王祥荣 . 生态与环境：生态可持续发展与生态环境调控新论[M]. 南京：东南大学出版社，2000：55.

[24]郑杭生 . 体育学概论新编[M]. 北京：中国人民大学出版社，1987：345.

[25]周爱光 . 体育本质的逻辑学思考[J]. 武汉体育学院学报，1999(2)：19-21.

[26]熊斗寅 ."体育"概念的整体性与本土化思考：兼与韩丹等同志商榷[J]. 体育与科学，2004(2)：8-12.

[27]王春燕，潘绍伟 . 体育为何而存在：20 世纪 80 年代以来我国体育本质研究综述[J]. 体育文化导刊，2006(7)：46-48.

[28]宋震昊 ."体育"本体论 (二)：体育概念批判[J]. 南京体育学院学报：社会科学版，2006(3)：1-6.

[29]胡科，虞重干 . 真义体育的体育争议[J]. 南京体育学院学报：社会科学版，2010 (4)：59-62.

[30]张军献 . 寻找虚无上位概念：中国体育本质探索的症结[J]. 体育学刊，2010 (2)：1-7.

[31]崔颖波 ."寻找虚无的上位概念"并不是我国体育概念研究的症结：与张军献博士商榷[J]. 体育学刊，2010(9)：1-4.

[32]何维民，苏义民 ."体育"概念的梳理及匡正[J]. 武汉体育学院学报，2011(3)：5-10.